Taschenschmöker aus Vergangenheit und Gegenwart

Taschenschmöker aus Vergangenheit und Gegenwart

Neu und wieder aufgelegt

Berlin 2014

Der Löwe der Wildnis

Zwei Erzählungen aus dem wilden Mexiko von

Gustave Aimard

Edition Dornbrunnen

Taschenschmöker aus Vergangenheit und Gegenwart

Übersetzung des Textes aus dem Französischen von
A. Wießner *(Le Lion du Désert; Une Nuit de Mexico)*
den aktuellen Rechtschreibregeln angepasst und moderat moderniesiert

Korrekturen und Lektorat:
Der Löwe der Wildnis von Jenny Florstedt und *Eine Nacht in Mexiko* von Dirk Seliger PEGASAU

Die Deutsche Nationalbibliothek verzeichnet diese Publikation in der Deutschen Nationalbibliografie; detaillierte bibliografische Daten sind im Internet über
http://dnb.d-nb.de
abrufbar.

1. Auflage 2014

ISBN 978-3-943275-10-0

Sven-R. Schulz, Dornbrunner Straße 16, 12437 Berlin
www.edition-dornbrunnen.de
Titelgestaltung: Sven-R. Schulz unter Verwendung eines alten Stichs nach einem Gemäldes von Arthur Fitzwilliam Tait (1819–1905)

Druck und Vertrieb: Book on Demand GmbH, Norderstedt
PNTS11

Inhalt

Der Löwe der Wildnis

Eine Erzählung aus dem wilden Mexiko

I. Der Rancho[1]

Das Presidio[2] von Santa Fe, die entlegenste Festung, welche die Mexikaner in der Provinz Sonora besitzen, ist inmitten einer lachenden und fruchtbaren Ebene erbaut. Eine ihrer Fronten geht auf die durch die Biegung eines kleinen Flusses gebildete Bucht; sie ist durch die steinernen Mauern der sie begrenzenden Häuser mit einem natürlichen Gürtel umgeben. Der Eingang jeder Straße ist durch Pfähle geschlossen, welche Palisaden bilden, und die einstöckigen Häuser sind, wie die meisten Dörfer des südlichen Amerikas, terrassenförmig mit festgestampfter Erde bedeckt, was in diesem schönen Land, wo der Himmel fast immer klar ist, einen hinreichenden Schutz gewährt. Zur Zeit der spanischen Herrschaft erfreute sich Santa Fe, Dank seiner strategischen Lage, die ihr gestattete, sich leicht gegen die Einfälle der Indianer zu verteidigen, einer gewissen Bedeutung; aber seit der Unabhängigkeit Mexikos ist sein Glanz, wie bei allen andern bevölkerten Orten jenes unglücklichen Landes, für immer erloschen und trotz der Fruchtbarkeit seines Bodens und seines prächtigen Klimas ist es dergestalt in Verfall geraten, dass es bald nur noch eine unbewohnte Ruine sein wird. Mit einem Wort, dieser Flecken, der vor etwa fünfzig Jahren mehr als dreitausend Einwohner zählte, besitzt heutzutage deren kaum vierhundert, die durch das Fieber und das furchtbarste Elend vollständig herabgekommen sind.

Es war am 5. März 1855, dem Tage, an dem diese Geschichte beginnt, als zwischen drei und vier Uhr nachmittags

[1] Gehöft

[2] Garnison

zwei wohlberittene Reiter im scharfen Trab bei dem Presidio anlangten.

Der eine war ein Mann von fünfundvierzig bis fünfzig Jahren; seine hohe Gestalt, seine kräftigen, wohlgeformten Glieder bewiesen eine ungewöhnliche Kraft und Beweglichkeit, sein Teint war bronzefarben, und seine harten und hochmütigen Züge deuteten fast auf Grausamkeit. Nichtsdestoweniger mäßigte eine gewisse Offenheit, die aus seinen Augen leuchtete, diesen Ausdruck und verlieh sogar seiner Physiognomie einen Reiz, von dem man sich schwer befreien konnte. Der untere Teil seines Gesichts war mit einem schwarzen, dichten Bart bedeckt und lange braune Locken, nur stellenweise mit einigen Silberfäden vermischt, fielen in dicken ungeordneten Massen unter seinem breitrandigen Strohhut hervor und auf seine kräftigen Schultern herab. Sein Anzug, zum Teil durch einen buntscheckigen Mantel von außerordentlich feinem Gewebe verdeckt, glich dem der reichen Pächter. Seine weiten Beinkleider von violettem Samt waren reich mit kunstvoll ziselierten goldenen Knöpfen besetzt und bis ans Knie offen. Sie ließen auf die dammhirschledernen Stiefel blicken, an deren Absätze schwere silberne Sporen klirrten, deren wie Untertassen große Rädchen ihn auf den Fußspitzen zu gehen nötigten. Seine Weste, von ähnlichem Stoff und Farbe wie die Beinkleider, reichte nur bis einige Zoll unter die Achselhöhle, und ließ das feine Batisthemd sehen, welches auf seiner Brust durch einen prächtigen Diamanten geschlossen wurde. Ein reich gestickter, rotseidener Gürtel, in welchem ein sechsläufiger Revolver, ein Dolch und ein Beil steckten, umschlang seine Hüfte und ein mit Silber aufgelegtes Gewehr lag quer über seinen Sattel. Diese Persönlichkeit hieß Don Lopez Arriaga.

Sein Gefährte trug einen dem seinigen beinahe gleichen Anzug. Er war ein ernster langer Mann, dessen Gestalt wie mit einem Beil zugehauen schien, mit Namen Don Juan Venado.

Seit dem Unabhängigkeitskriege gehörte es in Amerika zur allgemeinen Regel, dass jedermann das Recht eines Don hatte.

»Was habe ich Euch gesagt, Señor Venado?«, sagte Don Lopez in zufriedenem Ton zu seinem Gefährten. »Ihr seht, wir kommen gerade im günstigsten Augenblick an; es ist niemand da, um uns auszuspionieren.«

»Wer weiß?«, antwortete der andere. »Glaubt mir, Señor Don Lopez, in den Städten ist stets jemand auf der Lauer, um zu sehen, was ihn nichts angeht, und darüber in seiner Weise zu urteilen.«

»Wohl möglich«, murmelte Don Lopez, indem er verächtlich die Achseln zuckte. »Doch ist mir das vollkommen gleichgültig.«

»Daran zweifle ich nicht. Aber ich glaube, dass wir endlich bei dem Wirtshaus des Señors Pépé Naïpès angekommen sind. Es muss jenes elende Gebäude sein, wenn ich nicht irre.«

»In der Tat, hier haben wir zu tun, vorausgesetzt, dass der Bursche die mit ihm festgesetzte Zusammenkunft nicht vergessen hat. Wartet, Señor Don Juan, ich will ihm das verabredete Zeichen geben.«

»Das habt Ihr nicht nötig, Señor Don Lopez, Ihr wisst wohl, dass ich stets zu Befehl Eurer Herrlichkeit bin, sobald Ihr an mich zu denken beliebt«, antwortete eine spöttische Stimme aus dem Innern des Wirtshauses, dessen Tür sich öffnete und in seiner Spalte die hohe Gestalt und das intelligente Gesicht Pépé Naïpès zeigte.

»*¡Ave Maria purísima!* – Gegrüßt seist du Maria, du reine Magd!«, grüßten die Reisenden, indem sie vom Pferde stiegen und in den Rancho eintraten.

»*Sin peccado concebida* – Seid ohne Sünde empfangen«, antwortete Pépé, indem er die Pferde bei den Zügeln ergriff und sie in den Stall führte, wo er ihnen das Sattelzeug abnahm und sie vor ein ungeheures Alfalfabündel[1] führte.

Die beiden vom weiten Ritt ermüdeten Mexikaner setzten sich auf eine an der Wand stehende Bank und erwarten die Rückkehr ihres Wirts, indem sie zwischen ihren Fingern eine Maiszigarette drehten.

[1] Alfalfa – amerikanischer Name der Luzerne; auch als Ewiger Klee bekannte Nutzpflanze.

Der Ort, an dem sie sich befanden, hatte durchaus nichts Anziehendes. Es war ein großer Saal mit zwei stark mit Eisenstäben vergitterten Fenstern, deren schmutzige Scheiben nur ein ungewisses Licht durchscheinen ließen. Seine nackten und verräucherten Wände waren mit buntfarbigen Bildern bedeckt, die verschiedene heilige Gegenstände darstellten. Das ganze Mobiliar bestand nur aus drei oder vier hölzernen Tischen und Bänken. Was den Fußboden anbetrifft, so bestand er einfach aus festgestampfter Erde, der durch den Schmutz, welchen die Kunden mit hereinschleppten, uneben und holperig geworden war. Eine sorgfältig verschlossene Tür führte in ein inneres Gemach, in welchem der Ranchero schlief; eine andere Tür lag dieser gegenüber. Durch diese kehrte Pépé zurück, nachdem er den Pferden der Reisenden die nötige Sorgfalt hatte angedeihen lassen.

»Nun! Señores«, rief er von der Tür aus, »was gibt es Neues? Wird der General Alvarez[1] Santa Anna[2] schlagen, oder hat sich dieser bereits seines Mitbewerbers bemächtigt?«

»Meiner Treu!«, versetzte Don Lopez. »Das weiß ich nicht und bekümmere mich auch wenig darum. Wir haben von interessanteren Dingen zu sprechen.«

»Ei, Señor Don Lopez, wie rasch Ihr seid!«, rief Naïpès. »Bevor wir plaudern, werdet Ihr Euch ein wenig erfrischen wollen. Es gibt nichts Besseres, als ein Glas Branntwein, um die Gedanken zu lichten.«

Die Gläser wurden bis an den Rand gefüllt und mit einem Zuge geleert.

»Und nun lasst uns ernsthaft reden«, sagte Don Lopez mit leiser Stimme, nachdem er forschend um sich geblickt hatte.

»Also wie wir beschlossen hatten, bin ich nach Veracrruz gegangen, um die Leute anzuwerben, die wir benötigen. Aber

[1] Juan Nepomuceno Álvarez Benítez (1790–1867) war zu dieser Zeit Gouverneur der Provinz Guerrero, wo er sich ab 1854 gegen General Santa Anna stellte, als dieser dort die Macht übernehmen wollte. Nachdem er diesen geschlagen hatte, wurde er Ende 1855 für wenige Tage Interims-Präsident von Mexiko.

[2] Antonio López de Santa Anna Pérez de Lebrón (1794–1876) war ein mexikanischer General und Politiker. Er war mehrmals Präsident von Mexiko.

wenn man in Veracruz auch so viele Matrosen findet, wie man haben will, so ist es doch nicht ebenso mit den Goldsuchern. Ich habe nicht einen einzigen finden können. Was sollten sie überdies in diesem Augenblick in jener Stadt tun, wo Kalifornien für seine reichen Goldfelder alle Handwerksleute in Anspruch nimmt? Und da es sehr wahrscheinlich ist, dass wir mit den Bravos-Indianern[1] handgemein werden, so lag mir auch wenig daran, solche Neulinge anzuwerben, die beim Erblicken der ersten Rothäute mit Schrecken die Flucht ergreifen und uns in den Llanos[2] verlassen würden. Ich brauchte im Gegenteil entschlossene, an den Krieg gewöhnte Männer, die weder Strapaze noch Gefahr scheuen, und die einmal für unser Unternehmen gewonnen, dasselbe ohne Zögern bis zum Ende verfolgen. Ich kehrte daher ziemlich verdrießlich zurück, als der Zufall oder vielmehr mein guter Stern mich vor einigen Tagen in Tubac den Señor Don Juan Venado, den Ihr bereits kennt, treffen ließ.«

»Ja«, unterbrach ihn Pépé mit einem Seufzer, »wir sind alte Freunde.«

»In der Tat«, bestätigte Don Juan höflich, »wir haben in Mexiko gute Zeiten miteinander verlebt.«

»Auch ich kenne Don Juan seit langer Zeit«, fuhr Don Lopez fort, indem er einen freundlichen Blick auf seinen Gefährten warf, »und so habe ich keinen Augenblick Abstand genommen, ihm anzuvertrauen, dass ein Indianer uns, Euch, Señor Pépé und mir, ein reiches Goldfeld entdeckt hat und dass wir den Plan gefasst haben, eine Truppe entschlossener Männer zu vereinigen, um uns desselben zu bemächtigen. Der Señor Don Juan, dessen Diskretion Euch bekannt ist, erkannte sogleich, dass wir nicht die Regierung auf unsere Kosten bereichern wollten und demzufolge die Expedition ganz im Geheimen vorbereitet werden müsste, denn Gott allein weiß, welche Schwierigkeiten und Hindernisse die leiseste Andeutung für uns hervorrufen würde, in einem Augenblick, wo die ganze Welt nur von

---

[1] Bravos – »wilde«, heidnische Indianer.

[2] Vegetationsarme Ebene.

Goldfeldern, Goldminen usw. träumt, und wo Europa täglich ganze Scharen gieriger Vagabunden auf Amerika ausschüttet, um sich auf unsere Kosten zu bereichern und zu mästen.«

»Sehr richtig bemerkt«, bekräftigte Pépé mit überzeugter Miene.

»Kurz gesagt«, fuhr Don Lopez fort, »ich konnte, dank unseres Freundes, in wenigen Tagen für unsere Expedition eine gute Schar solcher Leute auftreiben; lauter durch das Spiel ruinierte Galgenvögel, auf die ich mich vollkommen verlassen kann …«

»Ich bin in allem Eurer Meinung, Señor Don Lopez; und was habt Ihr nun ferner beschlossen?«

»Wir haben keine Zeit zu verlieren«, erwiderte der Mexikaner. »Noch heute Abend werden wir uns auf den Weg machen. Wer weiß, ob wir unsere Abreise nicht schon zu lange aufgeschoben haben? Vielleicht haben bereits einige jener europäischen Vagabunden, von denen ich sprach, unser Goldfeld entdeckt. Diese Elenden besitzen eine besondere Spürnase, um das Gold aufzufinden.«

»Wahrlich, Herr«, rief Pépé, indem er mit der Faust auf den Tisch schlug. »Das wäre zum Tollwerden, bei einem so gut geplanten und bis jetzt so vortrefflich eingeleiteten Geschäft!«

»Ich habe dabei dasselbe Interesse, wie Ihr, Señor Pépé«, entgegnete Don Lopez gewichtig. »Ihr wisst, dass unglückliche Spekulationen mich um mein ganzes Vermögen gebracht haben. Ich möchte es mit einem Schlage wieder ersetzen.«

Bei diesen Worten vermochte der Ranchero nur mit unglaublicher Mühe ein Lächeln zu unterdrücken, denn es war bekannt, dass der Señor Don Lopez Arriaga ein Lepero[1] war, der nie das geringste Vermögen besessen, sondern sein ganzes Leben ein Abenteurer gewesen war, und dessen unglückliche Spekulationen, über die er sich beklagte, einfach nichts anderes waren, als ein Missgeschick im Spiel, bei welchem er nach und nach einige zwanzigtausend, Gott weiß wie gewonnene Pias-

[1] Auch Lazzarone – Bettler

ter verloren hatte. Aber der Señor Don Lopez war ein Mann von unvergleichlicher Tapferkeit, mit einem fruchtbaren und raschen Verstande begabt, welchen die Zufälle seines überaus wechselvollen Lebens genötigt hatten, lange Zeit in den Llanos zu leben, deren Wege er ebenso genau kannte, wie die List und Verschlagenheit derjenigen, die sie bewohnen.

Aus diesen verschiedenen und noch vielen anderen Gründen war der Señor Don Lopez der einzige Mann, der fähig war, die schwierige Expedition, die sie unternehmen wollten, zu einem guten Ende zu führen, und der Señor Pépé Naïpès hatte ebenfalls gegen das Spiel Revanche zu nehmen. So gab er sich denn das Ansehen, als messe er den Äußerungen des Señors Don Lopez über dessen verlorenes Vermögen den vollständigsten Glauben bei.

»Aber«, sagte er nach augenblicklicher Überlegung, »die Frau, was werden wir mit ihr tun?«

»Die Frau?«

»Ja.«

»Nun, wir …«

In diesem Augenblick wurde Don Lopez durch zwei kräftige Schläge auf die sorgfältig verriegelte Tür unterbrochen.

»Soll ich öffnen?«, fragte Pépé.

»Ja«, antwortete Don Juan. »ein Zögern oder eine Weigerung könnten Verdacht erregen; in unserer Lage muss man alles bedenken.«

Don Lopez gab durch ein Nicken seine Zustimmung und der Ranchero ging, um die Tür zu öffnen, an der die Schläge sich dergestalt wiederholten, als beabsichtigte man, dieselbe zu sprengen.

Ein in einen weiten Mantel gewickelter Mann, den Hut tief in die Augen gedrückt, trat in den Raum.

»Santas tardes – Guten Abend«, sagte er, indem er die Hand an den Hut legte, ohne ihn jedoch zu lüften.

»*Dios las de a usted buenas* – Gott gebe Euch einen guten Abend«, antwortete Pépé. »Womit kann ich Euer Gnaden dienen?«

»Eine Flasche Branntwein«, befahl der Fremde, während er sich im dunkelsten Winkel des Saals niederließ.

Sobald ihm das Verlangte gebracht worden, goss er ein Glas voll ein, trank es aus, stützte dann den Kopf in die Hand und schien in ernstes Nachdenken verloren, ohne sich im Geringsten um die ihn umgebenden Leute zu bekümmern.

Indessen hatte die Ankunft des Fremden die Beredsamkeit unserer drei Personen erstarren lassen. Mit übereinandergeschlagenen Armen, die Rücken gegen die Wand gelehnten, blieben sie stumm und schweigsam, so als hätten sie geahnt, dass dieser Mann ein Feind sei. Mit einer gewissen Angst sahen sie den nächsten Ereignissen entgegen. Endlich erhob sich Don Juan, der gern wissen wollte, woran er sich in Bezug auf den geheimnisvollen Unbekannten zu halten habe, füllte entschlossen sein Glas, wandte sich zu dem anscheinend noch immer gleichgültigen Fremden und sagte mit jener Höflichkeit, welche alle Mexikaner in so außerordentlichem Grad besitzen:

»Señor Caballero, ich habe die Ehre auf Ihre Gesundheit zu trinken.«

Bei dieser Einladung erhob der Unbekannte langsam den Kopf, starrte den Sprecher einen Augenblick an und antwortete darauf mit trockener, schroffer Stimme:

»Es ist nicht nötig, Señor Don Juan, denn ich werde nicht auf die Eurige trinken. Was ich Euch sage«, setzte er hinzu, indem er seine Worte betonte, »kann der Señor Don Lopez Arriaga auch auf sich beziehen, wenn es ihm gut dünkt.«

»Was soll das heißen, Señor?«, fragte Don Lopez, indem er heftig aufsprang. »Habt Ihr die Absicht, mich zu beleidigen?«

»Es gibt Leute, bei denen man diese Absicht nicht haben kann«, versetzte der Fremde in schneidendem Ton. »Aber Señores, lasst euch in eurer Unterhaltung nicht stören. Sie war bei meiner Ankunft höchst interessant; Ihr spracht, glaube ich, von einer Expedition, die Ihr vorbereitet, und es war sogar in dem Augenblick, wo ich eintrat, die Rede von einer indianischen Frau, welche Euer würdiger Gefährte, der Señor Pépé Naïpès auf Eure Rechnung für Euch entführt hat und die, wie ich vermute, Euch bei ihren Landsleuten als Geisel dienen soll? Ich störe Euch nicht; ich bin im Gegenteil entzückt zu wissen, was Ihr mit diesem jungen Weib vorhabt.«

Nichts vermochte das Gefühl des Entsetzens zu schildern, welches sich der drei Verbündeten bei dieser niederschmetternden und unvermuteten Darlegung ihrer Pläne bemächtigte. Einen Augenblick glaubten sie, es mit dem Bösen zu tun zu haben, und machten unbewusst das Zeichen des Kreuzes.

Aber Don Lopez und Don Juan waren Männer, die ein Ereignis, so ernst es auch war, nicht lange niederdrücken konnte. Schon nach wenigen Augenblicken fanden sie ihre Kaltblütigkeit wieder und der Zorn machte dem Erstaunen Platz. Don Juan zog ein Messer mit wohlgeschliffener Klinge aus seinem Vaquerostiefel[1] und stellte sich vor die Tür, um dem Unbekannten den Durchgang zu versperren, während Don Lopez mit gerunzelten Brauen und die Machete in der Hand, entschlossen auf den Tisch zuschritt, hinter welchem der Fremde mit gekreuzten Armen hoch aufgerichtet stand, und sie zu verachten schien, nachdem er sie so grausam verspottet hatte.

»Wer Ihr auch seid, Señor Caballero«, begann Don Lopez, indem er einige Schritte vor seinem Gegner stehen blieb, »der Zufall hat Euch zum Herrn eines Geheimnisses gemacht, welches den Tod verlangt. Ihr werdet sterben.«

»Glaubt Ihr, Señor Don Lopez?«, entgegnete der andere mit ironischem Lächeln.

»Verteidigt Euch, wenn ihr nicht wollt, dass ich Euch ermorde, denn, bei Gott, ich werde nicht zögern es zu tun, das sage ich Euch.«

»Ich weiß es«, erwiderte der Unbekannte, »und ich wäre nicht die erste Person, die Ihr, ein Feigling, getötet habt; die Hügel der Sierra Nevada haben bereits den Todesschrei Eurer Opfer gehört.«

Bei dieser Anspielung des Fremden auf ein Verbrechen, welches Don Lopez allen unbekannt glaubte, überzog eine Lei-

[1] Vaquero – Berittener Rinderhirte

chenblässe sein Gesicht und ein krampfartiges Zittern bebte durch seine Glieder. Er stieß einen Schrei der Wut aus und stürzte auf den Fremden zu. Dieser wartete gleichgültig den ihm drohenden Stoß ab. Sobald aber Don Lopez in seinem Bereich war, machte er rasch seinen Mantel los und warf denselben über den Kopf seines Feindes, welcher auf den Boden rollte, ohne sich von dem Stoff befreien zu können, der ihn wie ein Netz umschlang.

Mit einem Satz sprang der Fremde über den Tisch und ohne sich weiter mit Don Lopez zu beschäftigen, eilte er auf die Tür zu. Dort aber fand er Don Juan, welcher sich auf ihn stürzte und ihm sein Messer in die Brust zu stoßen versuchte. Ohne aus der Fassung zu kommen, ergriff der Unbekannte die Faust seines Angreifers, und drehte ihm mit einer Kraft, die man nicht bei ihm vermutet hatte, derart den Arm um, dass seine Finger sich lösten und er das Messer mit einem Schmerzensschrei fallen ließ.

Der Fremde hob es auf und Don Juan bei der Kehle packend, sagte er:

»Höre, Elender, ich bin Herr deines Lebens und könnte dich töten, wenn es mich gut dünkte, aber dies hieße nur den Henker bestehlen, da der Galgen deiner wartet. Allerdings will ich dich kennzeichnen, damit du dich meiner erinnerst.«

Und er setzte die Spitze des Messers auf das entfärbte Gesicht des Mexikaners und machte zwei Einschnitte in Form eines Kreuzes, die ihm das Gesicht seiner ganzen Länge nach teilten.

»Auf Wiedersehen!«, sagte er dann, indem er das Messer mit Abscheu von sich schleuderte. »Wir werden uns in der Prärie wiederfinden.«

Er stürzte aus dem Saal und war verschwunden.

Als die drei Männer sich allein sahen, entstellte ein Ausdruck ohnmächtiger Wut und tödlichen Hasses ihre Gesichter.

»Oh!«, rief Don Lopez zähneknirschend und mit der Faust gen Himmel drohend. »Ich werde mich rächen!«

»Ich auch!«, murmelte Don Juan mit dumpfer Stimme,

indem er das Blut, welches über sein Gesicht floss, zu stillen suchte.

»Einerlei«, sprach Pépé Naïpès für sich und warf einen Blick ironischen Mitleids auf seine Gefährten, »ich kenne ihn nicht, aber wahrhaftig, er ist ein tapferer Mann!«

II. Die Büffeljäger

Höchstens zwei Meilen von Santa Fe entfernt, in einer Lichtung, die am Ufer des kleinen Flusses lag, welcher das Presidio begrenzte, waren am Abend des Tages, wo die eben berichteten Ereignisse stattgefunden hatten, sechs Männer mit harten, ausdrucksvollen Zügen um ein Feuer versammelt, welches sie sorgfältig unterhielten. Sie trugen den Anzug der Büffeljäger, das heißt, den breitrandigen Hut, die Samtweste – mit Realen[1] anstelle der Knöpfe besetzt –, die eng um die Hüften durch einen rotseidenen Gürtel geschlossenen Beinkleider, die Vaquerosstiefel und die buntfarbige Zarape[2], und plauderten miteinander, während sie fleißige Vorbereitungen zu ihrem Abendessen trafen. Dieses Abendessen war übrigens eine recht frugale Mahlzeit; es bestand aus einem Büffelrücken, das Ergebnis ihrer Jagd, einigen in der Asche gerösteten Kartoffeln und Maiskuchen: das Ganze gewürzt durch Branntwein.

Die Nacht war finster, große schwarze Wolken bedeckten schwer den Himmel, nur zuweilen von den blassen Strahlen des Mondes unterbrochen, der nur ein fahles Licht verbreitete. Die Landschaft schwamm gleichsam in dichten Dunstwolken, welche die Erde in den Ländern unter dem Äquator infolge eines heißen Tages ausströmt. Der Wind pfiff heftig durch die Bäume, deren Zweige mit unheimlichem Geräusch aneinanderschlugen, und in der Ferne vernahm man das Geschrei der wilden Katzen, welches sich mit dem Kreischen der Vielfraße und dem Geheul der Pumas und Jaguare vermischte.

[1] Goldmünzen

[2] Auch Sarape; farbenfrohe mexikanische Decke.

»Ich glaube, wir werden einige schlechte Nächte bekommen«, sagte einer der Jäger, während er die Kartoffeln umwendete, deren Garen er überwachte.

»Ich bin ganz Eurer Meinung, Geisterblume«, antwortete ein großer, trockener Mann, der in diesem Augenblick beschäftigt war, dem Büffelrücken denselben Dienst zu erweisen. »Die Sonne hatte bei ihrem Untergang eine kupferrote Farbe, was nichts Gutes bedeutet.«

»Unter uns gesagt, Castor, so bin ich in Sorge, dass der Schwarze Geier einen Fehler begangen hat, allein jenen elenden Lopez aufzusuchen.«

»Bruder, Ihr wisst, dass ich diesem Verfahren nicht zugestimmt habe; aber der Geier ist vorsichtig, und er wird den Klauen dieses Mannes zu entschlüpfen wissen.«

»Gott gebe es! Indessen müsst Ihr zugeben, dass wir für alte Waldläufer wie Kinder gehandelt haben, indem wir uns so unbesonnenerweise in ein wirkliches Wespennest begeben, aus dem wir nicht wissen, wie wir wieder hinauskommen sollen.«

»Bah!«, meinte der Castor. »Mit einem guten Gewehr und einem sicheren Auge kann man vieles überwinden, und sieben entschlossene Männer sind fünfzig in der Prärie wert. Und dann konnten wir unseren Pflegesohn ohne Hilfe lassen, als er dieselbe von uns forderte?«

Sämtliche Jäger beteuerten laut ihre Ergebenheit für den schwarzen Geier.

»In den zwanzig Jahren, in denen wir die Llanos nach allen Richtungen durchstreifen«, sprach der Castor, »ist es unsere größte Freude gewesen, das schwache zarte Kind, welches wir so wunderbar aus der Feuersbrunst der Hazienda[1] del Toro retteten, zu einem kühnen und kräftigen Jäger emporwachsen zu sehen. Wir haben den feierlichen Schwur getan, uns seinem Glück zu ergeben; der Moment ist gekommen, sollten wir da zögern?«

[1] Landgut

»Wir können es nicht, noch wollen wir es«, versetzte Geisterblume.

»Gut gesprochen!«, rief Castor. »Und nun, Brüder, lasst uns essen.«

Der Büffelrücken wurde vom Feuer genommen, auf ein großes Blatt gelegt und in den durch die Jäger gebildeten Kreis gestellt. Jeder nahm sein Messer zur Hand und sie begannen mit gutem Appetit ihre Mahlzeit.

»Jene Geschichte der Hazienda ist wohl niemals völlig aufgeklärt worden«, sagte der eine von ihnen, indem er ein mächtiges, mit Pfeffer bestreutes Stück Büffel verschlang, »und im Interesse des Kindes hätten wir vielleicht Nachforschungen anstellen sollen.«

»Still!«, versetzte der Castor mit gedämpfter Stimme. »Tio-Perrico und ich haben uns damit beschäftigt. Glaubt Ihr denn, dass ich nicht ebenso wie Ihr daran gedacht habe, die Familie unseres lieben Kindes wieder zu finden?«

»Nun«, fragte einer der Jäger, der bis dahin geschwiegen hatte und den man Großhase nannte, »was habt Ihr entdeckt?«

»Leider!«, entgegnete Tio-Perrico, betrübt den Kopf schüttelnd, »beschränkt sich das, was wir gehört haben, auf sehr Weniges.«

»Ja«, unterbrach ihn der Castor, »durch Befragen der Nachbarn der Hazienda del Toro – was nicht gerade leicht war – erhielten wir folgende Nachrichten: Der Vater des Schwarzen Geiers hieß Don Gutierrez de la Fuenta. Er war ein reicher und angesehener Mann im Land, welches er übrigens erst seit kurzer Zeit bewohnte, ohne dass man wusste, woher er gekommen war. Am Tag der Feuersbrunst – die man für das Resultat einer Rache hält – haben uns glaubwürdige Personen versichert, dass er, als jede Hoffnung, seine Wohnung zu retten, erloschen war, zu Pferd den Weg nach den Prärien eingeschlagen hatte und vorn auf seinem Sattel den halb verbrannten Leichnam seiner Frau mit sich geführt habe. Seit dieser Zeit hat keiner Don Gutierrez wieder gesehen. Ist er aus Verzweiflung an irgendeinem entlegenen Orte der Pampa gestorben? Lebt er noch? Das weiß niemand zu sagen.«

»Und es gibt nichts, was uns auf die Spur dieses Geheimnisses bringen könnte!«, bemerkte Geisterblume. »Und selbst wenn, was unmöglich ist, der Schwarze Geier seinen Vater wiederfände, wie sollte er sich ihm nach zwanzig Jahren zu erkennen geben?«

»Habt Ihr denn vergessen«, fiel ihm Großhase lebhaft ins Wort, »dass, als wir das Kind retteten, es am Halse ein silbergesticktes Skapulier[1] von blauem Samt trug, welches Reliquien enthielt?«

»In der Tat, ich erinnere mich dessen, allein was ist aus dem Skapulier geworden?«

»Es befindet sich noch am Halse des Schwarzen Geiers«, antwortete der Castor, »und wer weiß, ob …«

»Hm!«, meinte Tio-Perrico, »diese Hoffnung ist sehr schwach, meine Brüder. Nun, wie Gott will, sein heiliger Wille geschehe.«

Sämtliche Jäger bekreuzigten sich andächtig; und da das Abendessen beendet war, zündeten sie ihre Zigaretten an, warfen einige Armvoll trockenes Holz in das Feuer und schickten sich an, die Nacht so bequem als möglich zuzubringen.

Plötzlich hallte rascher Hufschlag durch den Wald und ein Reiter sprengte in die Lichtung.

Bei seinem Anblick stießen die Jäger ein Freudengeschrei aus und eilten ihm entgegen. Dieser Reiter war der Schwarze Geier.

Er beantwortete freundlich die Beweise der Anhänglichkeit seiner Freunde, schwang sich vom Pferd und näherte sich dem Feuer.

Er war ein junger Mann von fünfundzwanzig Jahren, wenig über Mittelgröße, aber von schlanker, biegsamer und bewun-

[1] Üblicherweise ein Überwurf, der über einem Ordensgewand getragen wird. Es gibt allerdings auch sogenannte kleine Skapuliere, die aus zwei kleinen viereckigen Stoffstücken bestehen, auf denen oftmals religiöse Symbole eingestickt waren, die durch zwei Schnüre miteinander verbunden sind und um den Hals getragen werden. Hier in der Erzählung dürfte es sich aber wohl eher um eine Art Brustbeutel oder Amulett handeln.

derungswürdig proportionierter Gestalt. Seine geringsten Bewegungen waren elegant und nobel; seine ganze Person zeigte Leichtigkeit und eine aufs Höchste entwickelte Kraft. Seine Stirn, seine schwarzen und durchdringenden Augen, seine Adlernase, sein kleiner, mit einem dichten schwarzen Schnurrbart überschatteter Mund vervollständigten eine Physiognomie, die, ohne schön zu sein, einen ausgezeichneten Ausdruck von Kühnheit, Offenheit und Redlichkeit hatte. Er trug wie seine Gefährten die Jägertracht.

»Nun, was gibt es Neues?«, fragte der Castor, indem er sich an den jungen Mann wandte, der die Überreste des Abendessens zu sich nahm. »Habt Ihr die Ladronen[1] gesehen?«

»Ich habe sie gesehen«, antwortete lakonisch der Geier.

»Und was gedenkt Ihr zu tun?«

»Die Fliegende Taube zu retten, wenn meine Brüder mich unterstützen wollen.«

»Warum sollten wir das nicht tun?«

»Die Aufgabe wird eine harte sein.«

»Umso besser, Büffelhorn!«, sagte der Jüngste, indem er den Kolben seines Gewehrs kräftig auf die Erde stieß. »Um so besser, es ist schon lange her, dass wir mit diesem unverschämten Prärienplünderer handgemein geworden sind.«

»Ich kann also auf meine Brüder rechnen?«

»Hört, *Muchacho*[2]«, sprach Tio-Perrico mit feierlicher Stimme, »und wisse ein für alle Mal, dass wir sechs Männer bereit sind, unser Leben zum Opfer zu bringen, um dich glücklich zu sehen.«

»Ich wusste es«, erwiderte der junge Mann bewegt. »Aber verzeiht mir, ich musste es noch einmal hören, so ernst und gefährlich ist der Plan, den ich gefasst habe.«

»Mein Sohn, sieben Männer wie wir, die nur einen Kopf und ein Herz haben, sind stark in der Gefahr. Sprich, welches ist dein Plan?«

»Ihr kennt meine Liebe zu Rant-chaï-waï-mé – der Fliegen-

---

[1] Räuber, Diebe

[2] Junge, Knabe, Bursche

den Taube – der Tochter Mahaskaks, des Sagamore[1] der Kiowas. Seit ich sie auf unserer letzten Jagd an den Ufern des Saladosees gesehen habe, fliegt mein Herz ihr entgegen, ohne dass ich es zurückzuhalten suche, und ich habe nur einen Gedanken, ihre Liebe zu gewinnen; nur den einen Wunsch, sie zum Weibe zu nehmen. Zu einem Zweck, den ich noch nicht vollkommen begreife, dessen Falschheit ich aber errate, hat Don Lopez sie durch seinen würdigen Gehilfen Pépé Naïpes entführen lassen. Er beabsichtigt, sie auf der Reise mit sich zu führen, die er zur Entdeckung eines Goldfeldes zu unternehmen gedenkt, welches Nauchenanga, der große Comanchenhäuptling ihm verkauft hat. Einige fünfzig Gambusinos-Banditen[2] und ergebene Trapper bilden seine Truppe. Nun denn, so furchtbar diese Eskorte auch sei, so ist es doch meine Absicht, sie anzugreifen und die, welche ich liebe, aus ihrer Mitte zu befreien. Wollt ihr mir folgen?«

»Wann brechen wir auf?«

»Auf der Stelle. Die Gambusinos haben ihr Lager in geringer Entfernung von uns aufgeschlagen und ich weiß, dass Don Lopez sich noch heute Abend auf den Weg machen will. Wir müssen also beeilen, um ihren Spuren zu folgen.«

»So lasst uns aufbrechen«, antworteten die Jäger.

Jeder traf sogleich seine Vorbereitungen, indem er sein Pferd sattelte und die kleinen ziegenledernen Schläuche mit Wasser füllte, mit denen jeder amerikanische Reiter versehen ist.

In dem Augenblick, wo sie die Lichtung verlassen wollten, ließ sich ein Knistern vernehmen, die Zweige teilten sich und ein Mann kam zum Vorschein, der mit ausgestrecktem Arme, die flache Hand zum Zeichen des Friedens nach vorn gerichtet, vortrat.

An der kupfernen Hautfarbe erkannte man in ihm sofort einen Indianer. Er war ein Mann von höchstens dreißig Jahren, mit männlichen und ausdrucksvollen Zügen. Seine Physiog-

[1] Eigentlich ein örtlicher Anführer innerhalb eines Familienverbundes der Völker der Abanaki-Sprachfamilie. Hier im allgemeinen Sinn von Häuptling verwendet.

[2] Gambusinos: Goldsucher

nomie deutete auf eine bemerkenswerte Intelligenz und zeigte jene den wilden Kindern der Prärien eigene natürliche Hoheit. Seine Gestalt war hoch, wohlgebaut und schlank. Seine starken, muskulösen Glieder ließen eine Kraft und Geschmeidigkeit erkennen, gegen welche wohl nur wenige Menschen mit Vorteil gegen ihn hätten kämpfen können.

Er war vollständig bemalt und zum Krieg gerüstet. Sein schwarzes Haar, in Form eines Helms auf seinem Kopf zusammengebunden, fiel wie eine Mähne auf seinen Rücken herab. Ein Überfluss von Muschelhalsbändern schmückte seine Brust, auf welcher mit seltener Feinheit eine handgroße, blaue Schildkröte gemalt war. Seine übrige Tracht bestand aus langen Beinkleidern, die durch einen Ledergürtel um seine Hüften befestigt waren und bis zu den Knöcheln reichten, und aus einem Hemd von Dammhirschleder mit langen, herabhängenden Ärmeln, deren Nähte ebenso, wie die der Beinkleider, mit Leder und Federn besetzt waren. Ein weiter Mantel von Büffelhaut, mit Wollstickerei versehen, die einfache Muster bildete, wurde auf seinen Schultern durch eine goldene Agraffe[1] festgehalten und fiel bis auf die Erde herab. Als Fußbekleidung trug er elegante Mokassins mit blitzenden falschen Perlen; ein leichter, runder Schild, mit Büffel- und Menschenhaaren bedeckt, hing an seiner Seite.

Seine Waffen waren die der Indianer, das heißt das Skalpmesser, der Tomahawk und ein amerikanisches Gewehr. Darüber hinaus besaß er auch eine lange Peitsche, deren rot angemalter Griff mit Haaren und Federn geschmückt war. Sie deuteten an, dass er einer der Oberhäuptlinge der gefürchteten Comanchennation war. Es war in der Tat der berühmte Nauchenanga.

Der Schwarze Geier schritt allein auf den Indianer zu.

»Was will mein Bruder?«, fragte er.

»Das Gesicht eines Freundes sehen«, antwortete der Häuptling mit sanfter Stimme.

[1] Spange

Darauf legten die beiden Männer die rechte Hand an ihre Stirn, kreuzten die Arme, indem sie die rechte Hand auf die linke Schulter legten und gleichzeitig den Kopf neigend, begrüßten sie sich nach dem Gebrauch der Prärie.

Nachdem diese Zeremonie ausgeführt worden war, ergriff der Schwarze Geier das Wort.

»Mein Bruder ist willkommen«, sagte er, »er trete ans Feuer und rauche mit seinen weißen Freunden die Friedenspfeife.«

»So werde ich tun«, entgegnete Nauchenanga.

Und er näherte sich dem Feuer, kauerte sich nach indianischer Sitte dabei nieder, nahm seine Pfeife aus dem Gürtel und begann schweigend zu rauchen.

Als die Jäger bemerkt hatten, welche Wendung dieser unvermutete Besuch herbeiführte, waren sie zurückgekommen und setzten sich ebenfalls um die Feuerstätte.

So vergingen einige Minuten, ohne dass jemand sprach; jeder wartete, dass der indianische Häuptling den Grund seiner Anwesenheit erklären sollte.

Endlich schüttete Nauchenanga die Asche aus seiner Pfeife, steckte sie wieder in den Gürtel und wandte sich an den Schwarzen Geier.

»Mein Bruder will wieder zur Büffeljagd aufbrechen!«, sagte er. »Es gibt in diesem Jahr sehr viele auf dem Schwarzen Berg.«

»Ja«, antwortete der junge Mann, »wir begeben uns auf die Jagd. Hat mein Bruder die Absicht, uns zu begleiten?«

»Nein, mein Herz ist betrübt; Niang – der Gott des Bösen – ruht schwer auf mir.«

»Was meint mein Bruder? Sollte ihm ein Unglück begegnet sein?«

»Versteht mich mein Bruder nicht? Weiß er nicht, dass dem Walkon[1] die Flügel beschnitten sind und er bei den Spaniern gefangen gehalten wird? Oder täusche ich mich, und liebt mein Bruder wirklich nur die Büffel, deren Fleisch er isst und deren

[1] Paradiesvogel

Haut er verkauft?«, antwortete der Indianer, dessen Blick wie der eines Tigers funkelte.

»Mein Bruder wolle sich deutlicher erklären, dann will ich versuchen, ihn zu verstehen«, murmelte der Schwarze Geier.

Es trat ein kurzes Schweigen ein. Der Indianer schien reiflich zu überlegen.

Endlich hob er den Kopf wieder in die Höhe und mit seinem früheren heitern Blick und leiser, melodischer Stimme sagte er:

»Warum tut Kolixi – der Schwarze Geier – als verstände er mich nicht? Singt der kleine Vogel, der in meinem Herzen singt, nicht auch in dem seinigen? Warum nicht offen sein? Ein Krieger soll keine gespaltene Zunge haben. Was ein Mann allein nicht zu tun vermag, können zwei versuchen und glücklich zu Ende führen. Mein Bruder erkläre sich, die Ohren eines Freundes sind geöffnet.«

»Mein Bruder hat recht, ich werde seine Erwartung nicht täuschen. Ja, ich habe in meinem Herzen einen kleinen Vogel, der mir täglich, in jedem Augenblick süße Worte wiederholt. Ja, ich würde mein Leben mit Freuden hingeben, wenn ich sähe, dass die Fliegende Taube ihren Flug zu den Hütten ihrer Väter nehme. Aber was vermag der Wille eines einzelnen Mannes?«

»Mein Bruder irrt, er ist nicht allein. Ich erblicke an seiner Seite die sechs gefürchtetsten Gewehre der Prärie. Was spricht also mein Bruder? Wäre er nicht mehr der große Krieger, den ich kenne? Sollte er an der Freundschaft seines roten Bruders Nauchenanga, des großen Sagamore der Comanchen, zweifeln?«

»Ich habe niemals an der Freundschaft meines Bruders gezweifelt. Er ist ein berühmter Häuptling und ich bin erfreut über das Anerbieten, welches er mir machen will«, erwiderte der junge Mann, ohne sich bloßzustellen.

»Wohlan, ein Wort von meinem Bruder und zweihundert Comanchenkrieger werden sich mit ihm vereinigen, um die Fliegende Taube zu befreien und das Kopfhaar ihrer Entführer zu nehmen.«

»Habt Dank, Häuptling, Euer Anerbieten ist redlich, und ich nehme es an. Ich weiß, dass Ihr rechtschaffen seid und Euer Wort Euch heilig ist.«

»Michabou[1] schützt uns«, versetzte der Indianer, indem er sich erhob. »Mein Bruder kann auf mich zählen, er folge den Ladronen, ich übernehme es, sie ihm ohne Verteidigung zu überliefern.«

»Aber«, begann der Jäger von Neuem, »wenn wir das junge Mädchen gerettet haben, wem wird sie alsdann gehören?«

»Rant-chaï-waï-mé ist klug«, versetzte edelmütig der Indianer, »sie wird zwischen dem Schwarzen Geier und Nauchenanga wählen, und glücklich wird derjenige sein, auf den ihr Blick fällt. Der andere wird sich, ohne zu klagen, zurückziehen; der Schmerz liebt die Einsamkeit.«

»Hier ist meine Hand, Häuptling, und wie auch das Urteil derjenigen, die ich liebe, ausfallen wird, ich werde es als Mann zu tragen wissen.«

»Mein Bruder spricht gut«, erwiderte der Indianer. »Michabou hat seinen Schwur gehört.«

Und sich höflich verneigend, entfernte sich der Comanchenhäuptling, ohne ein Wort hinzuzufügen.

Einige Minuten später verließen die Jäger die Lichtung, um die Gambusinos zu verfolgen.

III. El Vado

Don Lopez erholte sich bald von dem blutigen Schimpf, der ihm angetan worden war. Stolz, Zorn und überhaupt das Verlangen, sich zu rächen, gaben ihm den Mut wieder, und einige Minuten nach dem Verschwinden des Schwarzen Geiers hatte er alle seine Kühnheit und Kaltblütigkeit wieder gefunden.

»Ihr seht, Señor Pépé«, sagte er, sich an den Ranchero wendend, »unsere Pläne sind bekannt. Wir müssen uns beeilen,

[1] Gott

wenn wir nicht sehen wollen, wie die Anhänger der Regierung hier einen Einfall machen. Noch heute Abend werdet Ihr mit Hilfe des Señors Don Juan, den ich hier lasse, die Fliegende Taube aufs Pferd setzen und zugleich Sorge tragen, ihren Kopf mit einem breitrandigen Männerhut zu bedecken. Danach begebt Ihr Euch ins Lager. Eure Ankunft wird das Signal zum Beginn der Expedition sein.«

»Aber«, wandte Pépé ein, »zu welchem Zweck wollt Ihr Euch mit einer Frau belasten?«

»Weil diese Frau«, entgegnete Lopez mit schlecht unterdrückter Bewegung, »mit einer seltenen Schönheit gesegnet ist. Sie wird von den Häuptlingen der indianischen Stämme, deren Gebiet wir passieren müssen, geliebt. Sie ist also für uns eine kostbare Geisel, wie es jener Mann ganz richtig bemerkt hat, der uns mit solcher Unverschämtheit trotzte. Durch sie werde ich die Anstrengungen, welche die Indianer machen werden, um uns den Weg nach dem Goldfelde zu verschließen, neutralisieren.«

Don Lopez erhob sich, und nachdem er sein Pferd bestiegen hatte, schlug er den Weg nach dem Cerro-Prieto – dem Schwarzen Berg – ein.

»Hm!«, meinte Pépé, ihm nachblickend. »Welcher Dämonenblick! Obgleich ich ihn seit zwanzig Jahren kenne, habe ich ihn doch niemals so gesehen! Wie wird dies alles enden?«

Und ohne weitere Bemerkung begann er im Rancho alles in Ordnung zu bringen. Sobald er seine Vorbereitungen beendet hatte, blickte er sich um.

Der Señor Don Juan saß mit aufgestemmten Ellbogen am Tisch und rauchte eine Zigarette, während er schluckweise den in der Flasche gebliebenen Branntwein leerte. Dies tat er ohne Zweifel um sich über den Einschnitt zu trösten, mit dem ihn der Schwarze Geier belohnt hatte. Er begann bereits zu heilen und verlieh seinem Gesicht einen jämmerlichen Ausdruck.

»He«, sagte der Ranchero mit einschmeichelnder Stimme, »wisst Ihr, Señor Don Juan, dass es kaum fünf Uhr ist?«

»Glaubt Ihr?«, entgegnete der andere, um doch etwas zu sagen.

»Ich bin dessen gewiss.«

»Ah!«

»Ist Euch die Zeit nicht lang geworden?«

»Außerordentlich.«

»Wenn Ihr wolltet, so könnten wir sie leicht abkürzen.«

»Auf welche Weise?«

»Oh, mein Gott, hiermit.«

Pépé zog ein schmutziges Kartenspiel aus seiner Tasche, welches er wohlgefällig auf dem Tisch ausbreitete.

»Ah, eine gute Idee!«, rief Don Juan, dessen Augen funkelten. »Machen wir ein Spiel!«

»Zu Befehl! Aber um was werden wir spielen?«

»Ah, Teufel, das ist wahr, man muss um etwas spielen«, meinte Don Juan, sich den Kopf kratzend.

»Nichts bedeutendes, nur um das Spiel interessant zu machen.«

»Aber man muss es dennoch haben.«

»Das hindere Euch nicht. Wenn Ihr erlaubt, werde ich einen Vorschlag machen.«

»Lasst hören, Señor, ich werde erfreut sein, ihn kennenzulernen.«

»Hört. Wir werden, wenn Ihr damit einverstanden seid, um die Goldbarren spielen, die wir mit Don Lopez suchen wollen.«

»Angenommen!«, rief Don Juan, und er nahm ein nicht weniger schmutziges Spiel Karten aus seiner Tasche, als das seines Partners. »Das wird uns eine Stunde Zeitvertreib gewähren.«

»Ihr habt auch Karten.«, bemerkte der Ranchero.

»Ganz neue, wie Ihr seht. Wollen wir beginnen?«

»Ich stehe zu Eurem Befehl.«

Die Partie begann und bald hatten die beiden Männer jedes andere Interesse vergessen und waren vollständig durch die Kombinationen ihrer Spielkarten in Anspruch genommen.

In Mexiko und im ganzen spanischen Amerika läutet der

Angelus[1] bei Sonnenuntergang, und in jenen Gegenden, wo es keine Dämmerung gibt, bricht die Nacht so ohne Übergang herein, dass, sobald die Glocke aufhört zu läuten, dichte Finsternis herrscht. Die Stunde war also zur Abreise gut gewählt und Pépé verweilte nicht länger, denn obwohl er seine ganze Kenntnis entfaltet, hatte er dennoch in dem Señor Don Juan einen so geschickten Gegner gefunden, dass nach einem mehr als dreistündigen erbitterten Kampfe beide sich noch eben so weit befanden wie vorher.

Beim letzten Schlag des Angelus steckte Pépé den Schlüssel in das Schloss der Tür, welche in seine Zimmer führte, öffnete dieselbe und ging hinein. Nach einigen Sekunden trat er in Begleitung der Fliegenden Taube wieder in den Saal zurück.

Rant-chaï-waï-mé war ein hübsches junges Mädchen von kaum sechzehn Jahren, mit leichter, graziöser Haltung und jener reizenden Lässigkeit, welche die Spanier *salero*[2] nennen, ein Wort, dass kein Ausdruck unserer Sprache wiederzugeben vermag. Ihre zarten, fast kindlichen Züge zeigten Sanftmut und Unschuld; ihre träumerische Stirn, ihre großen schwarzen und sinnenden Augen, ihre fein geschnittene Nase mit beweglichen Flügeln, ihr lachender Mund, ihre weißen Zähne und ihr kleines Grübchenkinn bildeten das reizendste Gesicht, was man sich denken kann. Ihr brauner, fast hellhäutiger Teint – eine Nuance, welche man bei den Indianerinnen häufiger findet, als man glaubt – ihr schwarzes Haar, das in zwei langen Flechten bis auf ihre Fersen herabfiel, und ihre außerordentlich kleinen Hände vervollständigten das entzückende Ganze ihrer Person.

Wie alle Frauen ihrer Rasse war sie mit zwei weiten Hemden von gestreiftem Kattun bekleidet, das eine, um den Hals in Falten gezogen, fiel bis auf die Hüften herab, während das andere, mit dem Gürtel um die Taille befestigt, bis an die Knöchel reichte. Ihr Hals war mit feinen Perlenkolliers geschmückt,

---

[1] Dabei handelt es sich um das Gebet »Der Engel des Herrn«, welches in der katholischen Kirche morgens, mittags und abends gebetet wird und durch Glockengeläut, des sogenannten Angelusläuten, eingeleitet wird.

[2] Anmut, Charme

die mit kleinen Muscheln, Wampums[1] genannt, untermischt waren, welche den Indianern als Münze dienen. Ihre Arme und Knöchel zierten breite Goldreifen, und ein kleines Diadem desselben Metalls erhöhte die matte Färbung ihrer Stirn. Dammhirschlederne Stiefel, mit Wolle und Perlen in allen Farben gestickt, umschlossen ihre nervigen, fein gewölbten Füße.

Bei ihrem Eintritt in den Saal verlieh eine über ihr Gesicht gebreitete Wolke von Trauer und Melancholie ihrer Person, wenn möglich, eine noch größere Anziehungskraft.

»Nun, Waïnè[2]«, sagte der Ranchero, »trocknet Eure Tränen, wir wollen Euch nichts zuleide tun, zum Henker! Und alles wird besser enden, als Ihr glaubt.«

Das junge Mädchen antwortete nicht, es ließ sich ohne Widerstreben verkleiden, während sie das Mündchen hängen ließ, was einen Heiligen zur Verzweiflung hätte bringen können.

»Ist das wohl vernünftig!«, murmelte der würdige Pépé für sich, während er seine Gefangene ausstaffierte und einen Blick der Begierde auf die Edelsteine warf, mit denen sie geschmückt war. »Muss man nicht ein Narr sein, das Gold und die Perlen so zu verschleudert. Wäre es nicht besser, etwas Nützliches dafür zu kaufen? Sie hat Schmuck für wenigstens zehntausend Piaster an sich! Welche prächtige Spielpartie könnte man damit machen! Ah! Wenn Don Lopez gewollt hätte … Nun, wir wollen sehen.«

Während er diese verständigen Ideen entwickelte, hatte der Ranchero die Toilette des jungen Mädchens beendet. Er vervollständigte ihre Verkleidung, indem er ihr den vom Schwarzen Geier zurückgelassenen Mantel über die Schultern warf. Dann überblickte er ein letztes Mal seine Wohnung, steckte das Kartenspiel, welches auf dem Tisch liegen geblieben war, in seine Tasche, nahm einen großen Schluck Branntwein und verließ endlich den Saal, gefolgt von dem jungen Mädchen und dem Señor Don Juan, der ungeachtet der verschiedenen Zufälle des Tages seine gute Laune wieder gefunden hatte, was

[1] Bei den Indianern weit verbreitete Perlen der Meerschnecken und Muscheln.

[2] Frau

er ohne Zweifel dem Spiel verdankte, jener eingewurzelten Leidenschaft jedes guten Mexikaners.

Nachdem Pépé sorgfältig die Tür verschlossen hatte und die Indianerin auf ein Pferd gesetzt worden war, bestieg er ein anderes; ebenso der Señor Don Juan. Sein Haus überließ er dem Schutze der Vorsehung. Nun gab der Ranchero das Zeichen zum Aufbruch, dem seine beiden Gefährten folgten. Er machte einen Umweg, um das Dorf zu passieren und lenkte im raschen Trab den Schwarzen Bergen zu.

Don Lopez hatte die Zeit vortrefflich benutzt und alles war zur Abreise bereit. Die neuen Ankömmlinge brauchten nicht einmal vom Pferde zu steigen. Sobald man sie bemerkte, dehnte sich die, wie wir bereits erwähnt haben, aus fünfzig entschlossenen Männern bestehende Karawane in einer langen Kette in der Richtung nach den Prärien aus, nachdem sie zuvor zwei Späher vorausgesandt hatten, welche die Gegend überwachen sollten.

Nichts ist trauriger als ein Ritt zur Nachtzeit in einem unbekannten Land, welches Hinterhalte aller Art enthält und wo man jeden Augenblick fürchten muss, hinter den Gebüschen einen Feind hervorbrechen zu sehen, der den Durchzug belauert hat. Auch die beim geringsten Geräusch bebende und zitternde kleine Truppe setzte schweigsam ihren Ritt fort, die Augen fest auf die dichten Gebüsche gerichtet, die den Weg begrenzten, die Flinte vor sich und bereit, bei der geringsten verdächtigen Bewegung Feuer zu geben. Indessen ritten die Goldsucher bereits seit drei Stunden, ohne dass etwas ihre Befürchtungen gerechtfertigt hätte. Rings um sie herrschte eine feierliche Ruhe. Beinahe schwanden schon ihre Besorgnisse und sie begannen leise miteinander zu plaudern und über ihre vergangene Furcht zu lachen, als sie an das Ufer eines kleinen Flusses gelangten, der ihnen den Weg versperrte. Im Innern des südlichen Amerikas gibt es fast keine Kommunikationen und so sind auch die Brücken vollständig vernachlässigt. Man kennt nur zwei Mittel, die Flüsse zu überschreiten, entweder eine Furt aufzusuchen oder wenn man zu große Eile hat, sein

Pferd in den oft reißenden Strom zu treiben und das andere Ufer schwimmend zu erreichen. Don Lopez wählte das Erstere, er suchte eine Furt.

Das war eine Sache von wenigen Minuten und bald trat die ganze Truppe in das Wasser. Obgleich die Furt nicht gleichmäßig war und das Wasser den Pferden zuweilen bis an die Brust ging, sodass sie genötigt waren, zu schwimmen, so gelangten doch alle Reiter ohne Unfall hinüber.

Nur Don Lopez, der Comanchenhäuptling, der einige Minuten vor Beginn der Expedition zu ihnen gestoßen war und ihnen als Führer diente, die junge Indianerin und der Señor Pépé Naïpes blieben noch am Ufer zurück.

»Nun kommen wir, Häuptling«, sprach Don Lopez, indem er sich an Nauchenanga wandte. »Ihr seht, dass unsere Leute in Sicherheit sind und nur noch auf uns warten, um sich wieder in Marsch zu setzen.

»Die Frau zuerst«, antwortete der Indianer lakonisch.

»Allerdings, Häuptling, zuerst die Frau«, erwiderte Don Lopez, und er wandte sich zu seiner Gefangenen, indem er seine Stimme so sanft wie möglich ertönen ließ. »Reitet voran.«

Das junge Mädchen ließ, ohne zu antworten, entschlossen ihr Pferd in den Fluss treten, und die drei Männer folgten ihr.

Die Nacht war finster, der Himmel mit Wolken bedeckt und der verschleierte Mond leuchtete nur in langen Zwischenräumen, was den Übergang schwierig machte, da es die Gegenstände nur in kurzer Entfernung zu erkennen erlaubte. Indessen glaubte Don Lopez nach wenigen Augenblicken zu bemerken, dass das Pferd der jungen Indianerin nicht mehr der Linie der Furt folgte, sondern sich mehr nach links hielt, als hätte sie sich dem Strom überlassen. Er trieb sein Pferd vorwärts, um sich von der Wirklichkeit dieser Tatsache zu überzeugen; aber plötzlich ergriff eine kräftige Hand sein rechtes Bein, und bevor er noch daran dachte, Widerstand zu leisten, war er ins Wasser geworfen und von einem Indianer an der Kehle gepackt worden.

Pépé Naïpes eilte zu seiner Hilfe herbei.

Während dieser Zeit schien das Pferd der Indianerin einem geheimen Einfluss zu folgen und entfernte sich mehr und mehr von dem Ort, wo die Gambusinos ans Land gegangen waren. Einige von ihnen bemerkten was vorging und traten wieder in das Wasser, um ihrem Anführer zu Hilfe zu kommen, während andere, von Don Juan geführt, im Galopp am Ufer dahineilten, um dem Pferd der Indianerin, sobald es landen wollte, den Rückzug abzuschneiden.

Nach mehren fruchtlosen Bemühungen wurde Pépé Naïpes Herr von Don Lopez' Pferd und führte es diesem in dem Augenblick wieder zu, wo er seinen Feind durch einen Messerstich in die Brust getötet hatte. Der Mexikaner schwang sich in den Sattel und gewann das Ufer, wo er in seiner Truppe die Ordnung wieder herzustellen suchte, während er angstvoll den Entwicklungen des lautlosen Dramas folgte, welches im Fluss zwischen Nauchenanga und der jungen Indianerin stattfand.

Der Comanchenhäuptling trieb sein Pferd zur Verfolgung desjenigen der Fliegenden Taube an, und beide folgten fast auf gleicher Linie dem Lauf des Stroms, während das erstere sich dem zweiten zu nähern suchte, welches dagegen die Entfernung, die sie trennte, mehr und mehr zu erweitern sich bemühte.

Plötzlich machte das Pferd Nauchenangas einen Satz, stieß ein schmerzliches Gewieher aus und begann mit seinen Vorderfüßen das Wasser wütend zu schlagen, während sich der Fluss rings um dasselbe rötete. Der Häuptling, der wohl einsah, dass sein Pferd tödlich verwundet war, verließ den Sattel und neigte sich zur Seite, um unterzutauchen. In diesem Augenblicke erschien ein scheußliches Gesicht auf der Oberfläche des Wassers, welches mit teuflischem Grinsen die Hand nach ihm ausstreckte, um ihn zu ergreifen. Mit jener unerschütterlichen Kaltblütigkeit, welche die Indianer selbst in den kritischsten Augenblicken nicht verlässt, fasste der Comanche seinen Tomahawk, spaltete den Schädel seines Feindes und ließ sich dann ins Wasser gleiten. Da ertönte ein furchtbares Kriegsgeschrei im Walde und einige fünfzig Schüsse krachten zugleich auf beiden Ufern und beleuchteten die Szene mit flüchtigem, unheimlichen Schein. Eine Menge Rothäute drang auf die Gambusinos ein und es entstand eine furchtbare Verwirrung.

Die so unvermutet angegriffenen Mexikaner verteidigten sich anfangs nur wenig, flohen und suchten Schutz hinter den Bäumen. Bald aber gehorchten sie der Stimme Don Lopez', der Wunder von Tapferkeit verrichtete und seine Gefährten anregte, ihr Leben teuer zu verkaufen. Sie fassten wieder Mut, bildeten eine geschlossene Reihe und griffen die Indianer wütend an, indem sie Mann gegen Mann kämpften, sie mit den Kolben ihrer Flinten niederschlugen oder mit ihren Macheten verstümmelten.

Der Kampf war kurz. Als die Rothäute das schlechte Resultat ihres Überfalls erkannten, verloren sie den Mut und verschwanden ebenso schnell, wie sie gekommen waren.

Fünf Minuten später waren die Ruhe und Friedlichkeit so vollkommen wieder hergestellt, dass, wenn nicht einige verwundete Mexikaner und einige auf dem Schlachtfelde zurückgebliebene Indianer gewesen wären, diese seltsame Szene wie ein Traum geschienen haben würde.

Sobald die Wilden die Flucht ergriffen hatten, blickte Don Lopez begierig auf den Fluss; dort war der Kampf ebenfalls beendet. Nauchenanga, der hinter dem jungen Mädchen auf dem Pferd saß, leitete letzteres dem Ufer zu, welches dasselbe bald erreichte.

»Nun?«, fragte Don Lopez.

»Die Pawnees sind feige Füchse«, antwortete der Comanche, indem er mit dem Finger auf zwei blutige menschliche Kopfhäute wies, die an seinem Gürtel hingen. »Sie fliehen wie Weiber, sobald sie das Gesicht eines Kriegers meiner Nation erblicken.«

»Mein Bruder ist ein großer Häuptling, er hat einen Freund«, sagte Lopez freudig.

Der Indianer verneigte sich mit einem unbeschreiblichen Lächeln. Sein Zweck war erreicht, er hatte das Vertrauen desjenigen gewonnen, dessen Untergang er beschlossen hatte.

Die Truppe setzte sich wieder in Marsch.

Länger als einen Monat hindurch war die Reise der Abenteurer durch die Prärien nur eine Reihenfolge von Kämpfen gegen die Indianer, die gleichsam ihrer Spur folgten. Sie wollten die Fliegende Taube befreien, das war wenigstens der Hauptgrund ihrer Angriffe. Dann aber war es auch jener Hass, der stets die rote von der weißen Rasse trennen wird, welche die Indianer immer mehr einengt, sich eines Tages ihrer schönsten Jagdgebiete bemächtigen und den Pflug an denselben Orten führen wird, wo die Gebeine ihrer Väter ruhen. Diese wird sie unaufhörlich nach den öden Hügeln und den schneeigen Bergen der Felsengebirge zurückdrängen und nicht eher befriedigt sein, als bis sie unter ihren Schlägen die letzten Kinder der Prärie durch die ihnen eingeimpften Laster hat fallen sehen.

IV. Die Grotte des Sayotkatta[1]

Der Neobraska[2] – oder der Plate – wie ihn die Indianer nennen, ist einer jener ungeheuren Ströme, wie Amerika allein das Privilegium hat, deren zu besitzen. Von dem Felsengebirge kommend, teilt er sich in zwei prächtige Arme, welche nach unzähligen Krümmungen sich endlich im 41° 9' N und den 101° 40' O vereinigen und in den Missouri münden.

Wir bitten den Leser sich mit uns an die Stelle zu versetzen, wo der Neobraska, sich teilend, eine große Gabel bildet.

Derjenige, dem die prächtigen amerikanischen Landschaften unbekannt sind, wird sich kaum einen Begriff von der imposanten und wilden Majestät dieses Ortes machen können. Der mit Inseln übersäte Fluss, die mit Baumwollstauden bedeckt sind, fließt rasch und schweigsam zwischen den niedrigen, mit hohen Gräsern, die jedem Einfluss des Windes folgen, besetzten Ufern dahin. In weiter Ferne erblickt man unzählige Hügel, deren Gipfel, beinahe in gleicher Höhe eine Plattform

[1] Sayotkatta - Der sehende Zauberer.

[2] Französischer Name des Nebraska.

darbieten und bis zu einer ziemlich weiten Entfernung nach Norden ist der Erdboden mit breiten Sandsteinplatten bedeckt.

Am äußersten Punkt der Gabel erhebt sich ein konischer Erdhügel, der auf seinem Gipfel einen hundertundzwanzig Fuß hohen Obelisk aus Granit trägt. Hier vereinigten sich oft die Indianer – die, wie alle ursprünglichen Völker, das Fantastische und Seltsame lieben – und brachten dem Kitchi-Manitu[1] ihre Opfer. Eine große Anzahl von Büffelschädeln, die am Fuß der Säule aufgehäuft, Kreise, Bogen und andere geometrische Figuren bilden, bezeugen ihre Verehrung für jenen Gott der Jagd, dessen beschützender Geist, wie sie sagen, auf der Höhe des Monolithen schwebt.

Hier und dort treiben und blühen in großen Büscheln die indianischen Kartoffeln, die wilde Zwiebel, der Goldapfel der Prärien und jene Millionen von Blumen und seltenen Bäumen, welche die amerikanische Flora bilden. Der übrige Teil der Landschaft ist mit hohen Gräsern bedeckt, die durch den leichten Fuß der Assathas, die von einem Fels zum andern springen, in fortwährender wallender Bewegung sind. Am äußersten Horizont erscheinen die nackten Spitzen des Felsengebirges, die sich mit dem Azur des Himmels vermischen und deren mit ewigem Schnee bedeckte Gipfel diesem unermesslichen und imposanten Gemälde, dem eine düstere und geheimnisvolle Größe aufgedrückt ist, als Rahmen dienen.

Zwei Monate nach den Ereignissen, die wir berichtet haben, an einem schönen Abend im Monat Mai – den die Indianer in ihrer bilderreichen Sprache *wabigon-quisis,* das heißt Blumenmonat, nennen – wurde die Ruhe der Wildnis, die wir

[1] Durch die christlichen Missionare geprägter Begriff, der den Indianern anhand ihrer Religion ein Verständnis vom christlichen Gottesbild vermitteln soll. Danach ist der sogenannte Kitchi-Manitu das höchste spirituelle Wesen, dass über allen anderen Geistwesen steht. In seinem Ursprung geht der Begriff auf den Glauben einer Gruppe aus dem Volk der Algonkin-Indianer zurück, die mit dem Wort »Manitu« eine nicht physische und auch nicht mit einer Gottheit oder einem Geisterwesen verbundene Kraft von außergewöhnlicher Wirksamkeit bezeichneten, die in allen Lebewesen, allen Dingen und auch in allen Handlungen enthalten ist. Die vielfältige Verwendung des Begriffs »Manitu« in der Abenteuerliteratur erzeugt dabei den Irrglauben, dass alle nordamerikanischen Indianer, unabhängig von ihrer Ethnie, an einen identischen obersten Gott glauben würden.

eben zu beschreiben versucht haben, durch den eiligen Hufschlag einer zahlreichen Reitertruppe gestört, die, den Ufern des südlichen Plate-Arms, Paduca genannt, folgend, sichtbar wurde und ihren Weg auf die im Mittelpunkte der Gabel befindliche Granitsäule richtete.

Es war die Zeit, wo die Maukawis[1] ihren letzten Gesang ertönen ließ, um den Untergang der Sonne zu begrüßen, welche, halb in den Abendpurpur getaucht, den Himmel noch mit langen roten Streifen färbte.

In einer geringen Entfernung von der Säule angekommen, hielten die Reiter plötzlich an, stiegen von ihren Pferden und trafen ihre Vorbereitungen für die Nacht. Diese Truppe, aus ungefähr dreißig Männern bestehend, bot das malerischste und kriegerischste Ganze dar. Auf den ersten Blick schien sie aus Indianern zu bestehen, aber bei aufmerksamerer Prüfung erkannte man in ihnen, an gewissen Zeichen, eine Vereinigung jener weißen Trapper und mexikanischen Gambusinos, deren Kühnheit in der neuen Welt sprichwörtlich geworden ist.

Ihr Anblick und ihre Kleidung boten eine seltsame Mischung wilden und zivilisierten Lebens dar. Sie waren im Allgemeinen von mittlerem Wuchs, aber kräftig und wohlgebaut. Alle zeichneten sich durch ihr langes Haar aus, denn in jenen Gegenden, wo man oft nur einen Menschen um den Ruhm bekämpft, ihm sein Kopfhaar zu rauben, ist es eine Koketterie, langes Haar zu tragen, was sich leichter fassen lässt. Einige trugen es sogar zierlich geflochten und mit Fischotterhäuten und buntfarbigen Schnüren untermischt.

Das Übrige ihrer Kleidung entsprach dieser Art ihres Geschmackes; eine Jagdbluse von Kattun von schreiend roter Farbe oder von grob gesticktem Leder, fiel bis auf die Knie herab. Gamaschen, mit wollenen Bändern und Glöckchen besetzt, umschlossen ihre Beine und ihre Fußbekleidung bestand aus jenen mit falschen Perlen geschmückten Stiefeln, welche die Squaws so gut zu verfertigen verstehen. Eine buntfarbige und

[1] Eine Art Wachtel.

um die Hüften durch einen Ledergürtel zusammengehaltene Decke hüllte sie fast vollständig ein, doch nicht so vollkommen, dass man nicht bei jeder ihrer Bewegungen darunter das Eisen der Äxte, den Griff der Revolver und der mexikanischen Machete, mit denen sie bewaffnet waren, hätte bemerken können.

Was ihre Gewehre betrifft, so hingen sie in diesem Augenblick an den Sattelbogen neben den Lassos um die Wasserschläuche; hätte man sie von ihrem mit Federn besetzten Überzug von Rentierhaut befreit, so würde man bemerkt haben, mit welcher Sorgfalt ihre Besitzer sie mit kupfernen und mit verschiedenen Farben bemalten Nägeln geschmückt hatten, denn alles bei jenen Männern trug das Gepräge indianischer Gewohnheiten. Selbst ihre Pferde, fast ebenso wilde Mustangs wie ihre Herren, glichen zum Verwechseln den Pawneepferden, deren Gebiet sie unter ihre Füße traten. Sie waren buchstäblich mit Adlerfedern, Perlen und Bändern bedeckt und große rote und weiße Flecke, nach persischer und chinesischer Art auf ihrem Anzug befestigt, vervollständigten ihre Verkleidung und machten sie vollkommen unkenntlich.

Während die einen die Lasttiere abluden und die Ballen so aufstapelten, dass daraus einen Wall für einen weiten Kreis gebildet wurde, gruben andere mit Eisen beschlagene Pfähle in den Erdboden ein, woran jeder sein Pferd befestigte, nachdem er demselben die Füße gefesselt hatte, damit es bei etwaigem Lärm nicht entfliehen konnte.

Nachdem sie alsdann für ihren Häuptling mitten in dem in wenigen Minuten improvisierten Lager ein Zelt aufgeschlagen hatten, zündeten sie vier Feuer an, welche die Wachen unterhalten mussten, und jeder bereitete sich ein Bett aus den Decken seines Pferdes, bestehend aus Hammelhäuten und Mänteln.

Bald war das Lager in tiefe Stille versenkt. Alles schlief außer einigen Gambusinos, welche auf ihre Gewehre gestützt, mit Auge und Ohr lauschend, über die Ruhe ihrer Gefährten wachten, und zwei gemächlich vor dem Zelte ausgestreckte Personen, die leise miteinander sprachen; diese waren Don

Lopez Arriaga und Nauchenanga, der Sagamore der Comanchen.

Viele Ereignisse hatten seit ihrer Abreise aus dem Presidio von Santa Fe stattgefunden. Die Dinge waren immer schlimmer geworden und am Abend ihrer Ankunft bei dem Fluss Neobraska waren die Kräfte der Gambusinos von einer Reise, die sich für sie ins Unendliche auszudehnen schien, ermüdet und von den vielen Kämpfen, in denen die Tapfersten unter ihnen unterlegen waren, fast vollkommen erschöpft. Sie begannen gegen Don Lopez, dessen Ermahnungen sie nicht mehr anhören wollten, zu murren.

Der Indianer schien von einer lebhaften Unruhe ergriffen; den Blick ins Weite gerichtet, hätte man glauben können, er wolle die Finsternis sondieren und die Geheimnisse der dunklen Nacht, die ihn rings umgab, erforschen.

»Glaubt Ihr, Häuptling«, sagte der Spanier, »dass es uns gelungen ist, den Pawnees unsere Spuren zu verbergen?«

»Die Pawnees sind Hunde«, antwortete der Indianer mit gutturaler Stimme. »Die Comanchenweiber verjagen sie mit Peitschenhieben. Nauchenanga kennt alle Wege in den Prärien; er hat sein Möglichstes getan.«

»Also werden wir endlich von unseren Feinden befreit sein?«

»Wer kann sagen, wo jene Räuber in diesem Augenblick sind? Der Pawnee ist wie der Wolf, er streift fortwährend um die Jäger herum, um ihnen ihr Kopfhaar zu rauben. Oft glaubt man ihn weit und er ist nah.«

»Ich hoffe wenigstens, dass wir dem Schwarzen Geier und den Banditen, welche ihn begleiten, entgangen sind?«

»Mein Bruder, der weiße Häuptling, kennt den Schwarzen Geier nicht«, versetzte der Indianer. »Nauchenanga hat ihn mehrmals bekämpft, er kennt ihn. Den Schwarzen Geier zu täuschen, ist unmöglich; er besitzt den Blick des Adlers, und die Vorsicht der Schlange, und dann wird er durch einen reizenden kleinen Vogel geleitet, der in seinem Herzen singt und ihm zuruft: Komm, komm!«

»Was meint Ihr damit? Welchen Vogel?«

»Rant-chaï-waï-mé«, murmelte der Indianer bewegt.

»Die Liebe ist also fähig, solche Wunder hervorzubringen!«, konnte Don Lopez sich nicht enthalten zu bemerken.

»Die Liebe ist der Gebieter!«, erwiderte der Häuptling mit leidenschaftlichem Ausdruck, der dem Spanier entging. »Aber mein Bruder höre, ein Häuptling wird sprechen.«

»Ich höre.«

»Wenn diese Nacht ruhig vorübergeht, werden wir das Lager mit Anbruch des Tages abbrechen und uns eine Stunde später mit zweihundert Kriegern meines Volkes vereinigt haben. Mit ihrer Eskorte wird es uns leicht sein, das Goldfeld zu erreichen, welches ich Euch gegeben habe.«

»Guatechu[1] hört Euch, Häuptling«, antwortete der Spanier, indem er einen Seufzer der Erleichterung ausstieß. »Seht«, setzte er hinzu, während er sich erhob und sich anschickte, in das Zelt zu treten, »seht, wie ruhig alles rings um uns ist. Es lässt sich nicht das mindeste Geräusch in der Wildnis vernehmen.«

»Ja«, erwiderte der Häuptling belehrend. »Alles ist ruhig, zu ruhig; ich höre die Stille!«

Don Lopez wollte den Indianer um eine Erklärung seiner Worte bitten, als dieser ihn rasch am Arm ergriff und ihn, zu sich heranziehend, auf die Knie niederdrückte.

Ein Schuss krachte, eine Kugel pfiff sausend einen daumenbreit über dem Kopfe des Spaniers dahin und drang in einen Pfahl des Zeltes.

»Die Pawnees! Die Pawnees!«, rief der Indianer, indem er sein Kriegsgeschrei ertönen ließ.

Und er stürzte in die Prärie.

»Verflucht!«, murmelte Don Lopez, indem er sich erhob. »Wieder diese wütenden Wölfe! Zu den Waffen! Kinder, zu den Waffen!«

In wenigen Minuten waren sämtliche Gambusinos auf den Füßen und hinter den Ballen verschanzt, welche den Umkreis des Lagers bildeten. Im selben Augenblick ließ sich ein furcht-

[1] Bei den südlichen Indianervölkern meist der Geist des Bösen; seltener ein Geist des Guten.

bares Geschrei vernehmen, dem eine entsetzliche Ladung folgte. Die Gambusinos antworteten durch eine Salve, die sie in Schussweite auf eine zahlreiche Reitertruppe abfeuerten, welche mit verhängten Zügeln auf ihr Lager zusprengte. Einer jener schrecklichen Kämpfe, wie er täglich in den Prärien stattfindet, entspann sich zwischen den Gambusinos und den Rothäuten, ihren tödlichen Feinden.

Anstatt sich in den Kampf zu werfen, sprang Nauchenanga zur Rechten, und sich platt auf den Leib legend, begann er auf Händen und Füßen wie eine Schlange durch die hohen Gräser zu gleiten, die ihn verbargen. Zuweilen hielt er inne, um rückwärts zu blicken und aufmerksam auf das Geräusch des Kampfes zu lauschen, welches immer undeutlicher wurde.

An der Säule angekommen, verbarg er sich hinter dem Erdhügel, welcher derselben als Basis diente, erhob sich auf die Knie, und nachdem er sich überzeugt hatte, dass er allein war, legte er die Hand an den Mund und ahmte mit seltener Vollkommenheit dreimal den klagenden Schrei des Wasserhundes[1] nach. Nach einigen Sekunden antwortete ihm derselbe Schrei in gleicher Vollkommenheit. Derselbe schien aus dem Innern des Erdhügels zukommen, welcher den Monolithen trug.

Wir haben bereits erwähnt, dass dieser Hügel von einer beträchtlichen Menge Knochen wilder Tiere, die in seltsamer Weise aufgehäuft waren, umgeben war. Plötzlich bewegten sich dieselben mit einem unheimlichen Klirren, es bildete sich mitten in ihnen eine Spalte und in dem frei gewordenen Raum erschien ein seltsames Gesicht, welches aus den Eingeweiden der Erde zu kommen schien.

Als Nauchenanga sich diesem sonderbaren Wesen gegenübersah, welches er soeben herbeigerufen hatte, bedeckte ein kalter Schweiß seinen Körper und er trat einen Schritt zurück; aber dieser Eindruck währte nur die Dauer eines Blitzes. Fast augenblicklich erlangte er seine Selbstbeherrschung wieder und

[1] Eine kleine Amphibie, die man häufig in den Flüssen im Innern des südlichen Amerikas findet. Sie kann gezähmt werden, aber sie behält stets ihr klagendes Geschrei.

sein ruhiges Auge auf die Erscheinung heftend, welche stumm und unbeweglich vor ihm stand, fragte er mit fester Stimme:

»Hat Curujira – der Geist der Gedanken – dem weisen Zauberer gesagt, was der Comanchenhäuptling zu wissen wünscht?«

»Folge mir«, antwortete der Zauberer, indem er ihm zu schweigen winkte.

Ohne zu zaudern, ohne die geringste Aufregung zu zeigen, folgte der Indianer dem Weg, der sich vor ihm geöffnet hatte. Nachdem er ungefähr fünfzehn grob in den Fels gehauene Stufen hinabgestiegen war, gelangte er, dem Zauberer auf dem Fuß folgend, in eine Art natürlicher Höhle von kreisrunder Form, die durch eine qualmende Lampe erleuchtet war, welche nur ein ungewisses Licht verbreitete. Er setzte sich auf einen mit seltenem Talent in Tierform geschnitzten Holzstuhl und wartete mit über der Brust gekreuzten Armen.

Der Sayotkatta oder Piaies[1], wie ihn der Comanche genannt hatte, war ein Mann von vierzig bis fünfundvierzig Jahren, von hoher, etwas korpulenter Gestalt; seine Züge trugen den Stempel natürlicher Hoheit, die Respekt und Furcht einflößten, sein schwarzes, dickes, auf der Stirn durch einen Goldreif, der symbolische und geheimnisvolle Bilder darstellte; gescheiteltes Haar fiel ungeordnet auf seine Brust herab, seine lange Kleidung von Büffelhaut wurde um die Taille durch einen Gürtel von künstlich geflochtenem Menschenhaar zusammengehalten.

Nach kurzem Schweigen, währenddessen die beiden Männer sich sorgfältig prüften, ergriff der Zauberer das Wort.

»Mein Bruder ist in der Grotte des Sayotkatta willkommen«, sagte er.

Der Indianer verbeugte sich.

»Ist uns Jurupari – der böse Geist – entgegen gewesen?«, fragte er. »Und wird mein Plan misslingen?«

»Guatechu weiß alles!«, antwortete belehrend der Piaies.

[1] Zauberer

»Möchte es also sein!«, entgegnete kopfschüttelnd der Indianer.

»Mein Bruder ist ungeduldig«, bemerkte der Zauberer.

»Ich erwarte, dass mein Vater sich erklärt.«

»Bin ich es denn allein, den Ihr hier sucht?«, fragte der Zauberer, indem er auf den Häuptling einen forschenden Blick warf.

»Ooah!«, rief der Comanche mit vollkommen gut gespielter Überraschung. »Wer anders als mein Vater sollte hier zu wohnen wagen?«

»Niemand, aber andere können hierher kommen.«

»Und wer denn?«

»Ist denn Necülpangue – der Löwe der Wildnis – der schreckliche Krieger, der Häuptling mit dem feurigen Blick, der Schrecken der Spanier, niemals hierher gekommen?«

Kaum hatte der Zauberer diese Worte ausgesprochen, als der Comanche mit einem Satz emporsprang und, ihn bei der Kehle ergreifend, wütend ausrief:

»Cudina[1]! Du wirst sterben! Mit welchem Rechte suchst du die Geheimnisse eines Häuptlings zu durchdringen?«

Der Zauberer befreite sich sanft von dem kräftigen Druck des Indianers und antwortete ihm in wohlwollendem Ton:

»Mein Bruder täuscht sich, hält er mich für einen Pawnee? Es ist ein Freund, der zu ihm spricht.«

Der Häuptling war Herr seines Zornes geworden, seine Züge hatten ihre Gleichgültigkeit wieder angenommen, und er antwortete:

»Mein Vater verzeihe mir, Outkum – der böse Geist – hat meinen Geist verwirrt, ich war nicht bei Verstand, als ich ihn angriff.«

»Weshalb misstraut mir mein Bruder?«, versetzte der Zauberer ruhig. »Kann es etwas geben, was ich nicht weiß? Ich kenne die Gründe, die meinen Bruder herführen; Guatechu hat zu seinem Diener geredet.«

---

[1] Mannweib; Ausdruck höchster Verachtung.

»Ich habe keine Geheimnisse«, antwortete der Indianer. »Mein Bruder ist im Irrtum; ich wusste jetzt nicht, was ich sprach.«

»Mein Bruder kommt zu einer Zusammenkunft, die er mit einem Freunde verabredet hat, und er wundert sich, dass er ihn warten lässt.«

»Ooah!«, rief der Indianer. »Mein Vater weiß alles.«

»Dieser Freund ist schon lange angekommen.«

»Wo ist er denn?«, fragte der Häuptling mit Ungeduld, die er nicht länger zu verbergen suchte:

»Hier bin ich!«, sagte eine männliche wohlklingende Stimme.

Und ein Mann trat aus dem Schatten, der ihn bis dahin den Augen Nauchenangas verborgen hatte, und schritt ernst auf ihn zu.

»Necülpangue!«, rief der Häuptling, indem er sich erhob und ehrerbietig vor dem gefürchteten Krieger verneigte, dessen Weisheit und Tapferkeit mit Recht in den Prärien des Westens berühmt waren.

Diese Persönlichkeit, deren Namen der Schrecken der Hispanoamerikaner geworden, war ein Mann von mehr als siebzig Jahren, der aber höchstens fünfzig zu sein schien. Seine hohe Gestalt, seine kräftigen Glieder, sein rabenschwarzes Haar verkündeten eine jener ausgezeichneten Naturen, auf welche die Einflüsse der Zeit ohnmächtig sind und die nur dazu geschaffen scheinen, um das raue Leben der Pampas zu führen. Seine edlen und intelligenten Züge zeigten Schlauheit und Sanftmut, aber wenn er seine dichten, schwarzen Brauen zusammenzog und ihn plötzlich ein Gefühl des Zornes belebte, schleuderten seine Augen Blitze, dass keiner dieselben zu ertragen vermochte.

Im Übrigen war dieser Mann ein Geheimnis, welches niemals jemand ergründet hatte. Von den Indianern verehrt, die ihn liebten und wie einen Gott fürchteten, konnte kein Stamm sich schmeicheln, ihn zu der Zahl seiner Söhne zu zählen, denn seine Hautfarbe und die Linien seines Gesichts trugen, trotz der Sorgfalt, mit der er sich bemalte, unfehlbare Zeichen, die ihn als einen Abkömmling der weißen Rasse erkennen ließen, und vielleicht hatte er nichts anderes mit dem Indianer gemein, als die Lebensweise, die er führte.

Er war plötzlich mitten unter den Rothäuten erschienen, und hatte sich von der großen Nation der Comanchen adoptieren lassen, ohne dass man wusste, wer er war, noch woher er kam. Man kannte seine Herkunft nicht und zuweilen verschwand er Monate lang, ohne dass es möglich gewesen wäre, zu entdecken, wohin er sich zurückgezogen hatte.

Man erzählte von ihm Züge unerhörter Kühnheit und Unerschrockenheit, die alles Glaubliche überschritten.

Von einer unerschöpflichen Güte gegen die Indianer, war er gegen die Weißen und überhaupt gegen die Mexikaner von beispielloser Grausamkeit, und schien sich ein Vergnügen daraus zu machen, seine Gefangenen unter Qualen sterben zu lassen, deren raffinierte Barbarei selbst den Indianern, die doch Meister in solchen Dingen sind, Entsetzen einflößte.

Seine Kleidung hatte eine große Ähnlichkeit mit der der Gambusinos, das heißt, sie war eine seltsame Mischung europäischer und indianischer Mode. Er hatte eine Kommandopeitsche in seinem Gürtel und in der Hand ein kostbar damasziertes Gewehr.

Nach den gewöhnlichen Begrüßungen ergriff Necülpangue das Wort.

»Mein Bruder hat eine weite Reise gemacht«, sagte er. »Macachera – der Geist der Wege – ist ihm günstig gewesen.«

»Der große Tokki – Herrscher – der Sachems[1] meiner Nation hat mir einen Befehl gegeben, den ich befolgt habe«, antwortete der Häuptling.

»Mein Bruder konnte nicht anders handeln, er ist ein großer Krieger.«

»Mein Vater ist nachsichtig, er wird die Fehler verzeihen, die ich vielleicht bei der Erfüllung der Mission begangen habe.«

[1] Häuptlinge

»Mein Bruder rede, ein Freund hört ihn.«

»Aber …«, antwortete Nauchenanga, indem er auf den Zauberer zeigte, der unbeweglich neben den beiden Sprechern stand und nicht im Geringsten aufgelegt schien, ihnen das Terrain allein zu überlassen.

»Der Comanchenhäuptling kann sprechen«, sagte Necülpangue, indem er die Hand des Zauberers ergriff und sie freundschaftlich drückte. »Dieser hier ist ein großer Mediziner und Guatechu bewahrt ihm den ersten Platz im Paradies.«

»Der Wille meines Vaters ist mir Befehl, es geschehe, wie er es wünscht. Ich habe den Mann ausgesucht und den Vorwand gebraucht, den mir mein Vater an die Hand gegeben hat, und so ist es mir gelungen, ihn hierher zu führen.«

»Ich weiß es, und bin meinem Bruder dankbar dafür, denn um sein Versprechen zu erfüllen, hat er gegen sein eigenes Herz kämpfen müssen. Diejenige, welche er liebt, ist die Gefangene unseres Feindes, er hätte sie befreien können, und hat es unterlassen. Es ist gut, Guatechu wird ihn belohnen. Die Treue für sein gegebenes Wort ist die schönste Tugend des indianischen Kriegers.«

»Was befiehlt mein Vater?«

»Jetzt nichts. Lassen wir die Nacht vorübergehen, morgen werden die Krieger meines Bruders anlangen und dann wird der Spanier in unsere Gewalt fallen. Unser großer Medizinmann«, setzte er hinzu, indem er sich zu dem Zauberer wandte und ihm mit Bitterkeit zulächelte, »bedarf zu seinen magischen Operationen das Herz eines Bleichgesichts, welches noch klopfend aus der Brust gerissen wird; er wird davon dreißig zur Auswahl haben, die Gefangenen werden hierher geführt werden.«

»Es soll geschehen.«

»Und der Schwarze Geier?

»Der Schwarze Geier hat sich, glaube ich, mit den Pawnees gegen die Goldsucher verbunden und befehligt den Angriff gegen ihr Lager.«

»Der Schwarze Geier ist tapfer«, sagte Necülpangue mit einem Lächeln der Befriedigung.

»Er ist ein Hund der Bleichgesichter, der mit einer indianischen Haut bedeckt ist.«

»Hasst ihn mein Bruder?«

»Wir haben miteinander die Friedenspfeife geraucht«, antwortete Nauchenanga mit einem unbeschreiblichen Lächeln.

»Gut, mein Bruder wird seinen Nebenbuhler töten, und Rant-chaï-waï-mé wird ihm in seine Hütte folgen, um ihm sein Wildbret zu braten und seine Kinder zu pflegen. Ich werde meinem Bruder behilflich sein.«

»Necülpangue ist der Vater der Krieger seiner Nation«, antwortete der Häuptling in freudiger Erregung.

»Jetzt kehre mein Bruder in das Lager der Bleichgesichter zurück; eine längere Abwesenheit würde den Spanier beunruhigen.«

Nauchenanga verneigte sich ehrerbietig und entfernte sich, während der Zauberer ihm voranschritt.

Sobald der Häuptling aus der Höhle trat, bot sich seinen Blicken ein seltsames Schauspiel dar. Indianer zu Pferde sprengten nach allen Richtungen, stießen ein wildes Geschrei aus und schwangen glühende Fackeln. Das Lager der Mexikaner brannte und große Flammensäulen stiegen gen Himmel, den sie mit blutrotem Schein färbten. Zuweilen unterschied man die Gambusinos, die sich inmitten der Trümmer ihres brennenden Lagers gegen eine Menge Wilder wie Löwen verteidigten.

Plötzlich brachen die Gambusinos durch die lebendige Barriere, die sie mit jedem Augenblick enger umschloss, stürzten in die Prärie und eilten wie im Sturmwind einige Schritte von der Säule vorüber, während ihre unversöhnlichen Feinde ihnen auf dem Fuß folgten.

Das Herz Nauchenangas klopfte heftig, er stieß einen rauen, unartikulierten Schrei aus, und stürmte, halb närrisch vor Wut, den Reitern nach. Es war ihm, als hätte er in dem Augenblicke, wo die Gambusinos bei ihm vorüberkamen, die Stimme Rant-chaï-waï-més um Hilfe rufen hören.

In diesem Augenblick legte sich eine Hand schwer auf seine Schulter und eine befehlende Stimme rief das einzige Wort:

»Halt!«

Der Häuptling wandte sich zornig um und erhob seinen Tomahawk gegen den Unvorsichtigen, der ihm den Weg versperren wollte, aber die Waffe fiel ihm aus den Händen und er neigte voll Verzweiflung sein Haupt. Er hatte Necülpangue erkannt.

»Mein Bruder folge mir«, befahl der Sachem. »Ich werde ihm diejenige wiedergeben, die er liebt.«

»Die Bleichgesichter fliehen besiegt und verfolgt von dem Schwarzen Geier; der Walkon ruft mich zu seiner Hilfe.«

»Wohlan, wenn der Schwarze Geier sich ihrer bemächtigt, so werde ich sie von ihm fordern.«

»Der Geier ist kein Indianer.«

»Weiß mein Bruder nicht, dass ich wunderbare Geheimnisse besitze, um alles zu erlangen, was ich von den Bleichgesichtern wünsche? So lasst uns zu den siegenden Pawnees gehen und von ihnen verlangen, dass sie uns den Mann verkaufen, den seine Gefährten Don Lopez nennen.«

Nauchenanga wagte Necülpangue keine Einwendungen zu machen. Er entschloss sich, ihn ohne Murren nach dem Lager der Mexikaner zu begleiten, welches nur noch ein Aschenhaufen war, auf welchen sich die Rothäute in wilder Unordnung stürzten.

Die beiden Häuptlinge machten sich also auf den Weg; aber kaum hatten sie einige Schritte getan, als sie entsetzt innehielten, auf den Boden sanken und ein furchtbares Geschrei ausstießen.

V. Das Erdbeben

Während sich Nauchenanga in der Grotte des Sayotkatta befand, hatte im Lager der Mexikaner ein furchtbares Drama stattgefunden.

Gewöhnlich greifen die Indianer ihre Feinde nur dann an, wenn sie sie überraschen können, da sie keinen andern Zweck verfolgen, als zu plündern. Wenn sie dabei aber auf kriegsgeübte Leute stießen und das Ziel ihres Überfalls auf der Kippe stand, da sie auf eine kräftige Verteidigung trafen, dann stellten sie den für sie unnütz gewordenen Kampf schnell wieder ein. Diesmal schienen die Pawnees jedoch auf ihre gewöhnliche Taktik verzichtet zu haben. Mit aller Verbitterung griffen sie die Verschanzungen der Spanier an. Öfter zurückgeschlagen, kehrten sie mit immer erneuter Wut zurück und suchten durch ihre überlegene Zahl, einen Feind zu besiegen, über den sie auf andere Weise nicht zu triumphieren vermochten.

Erschreckt durch diesen verlängerten Kampf, in welchem seine tapfersten Leute umgekommen waren, beschloss Don Lopez eine letzte Anstrengung zu machen und den Indianern mit Kühnheit und Unerschrockenheit zu begegnen. Er vereinigte einige zwanzig Mann, die ihm blieben, um sich, unter deren Zahl sich auch Pépé Naïpes und Don Juan befanden, und war eben im Begriff, ihnen einige Befehle zu erteilen, um den von ihm gefassten Plan in Ausführung zu bringen, als die Pawnees in diesem Augenblick, nachdem sie für einige Minuten den Angriff eingestellt hatten, abermals ihr Kriegsgeschrei ertönen ließen und mit neuer Wut auf sie einstürmten, diesmal mit brennenden Fackeln bewaffnet, die sie nach allen Richtungen schleuderten.

Bald war das Lager nur noch ein ungeheures Feuermeer. Die Indianer benutzten die durch die Feuersbrunst unter den Mexikanern hervorgebrachte Verwirrung, erkletterten die Ballen, überfielen das Lager, stürzten sich auf die Gambusinos und es begann ein Kampf Mann gegen Mann. Ungeachtet ihres Mutes und ihrer Geschicklichkeit in Führung der Waffen wurden die Mexikaner durch die bedeutende Anzahl ihrer Feinde überwältigt. Noch einige Minuten und es war um die Gambusinos geschehen.

Don Lopez sah ein, dass er eine äußerste Anstrengung machen musste, um den Rest seiner Leute zu retten. Er nahm daher Don Juan Venado beiseite, der seit Beginn des Kampfes beständig an seiner Seite gekämpft hatte, und erklärte ihm seine Absichten. Sobald er sicher war, dass dieser seine Befehle in Ausführung brachte, stürzte er sich von Neuem in das dichteste Gewühl und alle Rothäute, die ihm entgegentraten, niedermetzelnd, gelang es ihm, sein Zelt zu erreichen.

Mit nach vorn geneigtem Körper und schlaff herabhängenden Armen schien Rant-chaï-waï-mé gespannt und angstvoll auf den Lärm draußen zu horchen. Beim Anblicke Don Lopez' kreuzte sie ihre Arme auf der Brust und wartete.

»Gott sei gelobt«, rief der Mexikaner, »sie ist noch hier. Folgt mir, Mädchen; wir müssen fliehen.«

»Nein«, antwortete entschlossen das junge Mädchen, »ich werde nicht gehen.«

»Hört, Kind, gehorcht und nötigt mich nicht, Gewalt anzuwenden. Die Zeit ist kostbar.«

»Rant-chaï-waï-mé ist ein indianisches Weib, welches den Tod nicht fürchtet«, entgegnete stolz das junge Mädchen.

»Wer droht Euch mit dem Tod? Närrin, die Ihr seid«, rief Lopez zornig. »Wollt Ihr mir folgen, ja oder nein?«

Rant-chaï-waï-mé zuckte die Achseln.

Der Mexikaner sah, dass jede weitere Diskussion unnütz sei und dass er gewaltsam abbrechen musste. Darauf näherte er sich der Indianerin und suchte sie zu ergreifen. Aber diese, welche mit dem Auge allen Bewegungen ihres Gebieters folgte, sprang wie ein scheues Reh auf, ergriff eine Machete, die neben ihr am Boden lag und mit gerunzelter Stirn und drohender Stellung rief sie mit starker Stimme:

»Zurück! Ich will zu den Söhnen meines Volkes, die mich rufen, zurückkehren.«

Don Lopez stürzte auf das junge Mädchen zu, aber er wich sogleich wieder zurück, wobei er einen Schmerzensschrei ausstieß. Die Indianerin hatte ihm mit der Machete einen Hieb in den Arm versetzt.

»Ich bin kein Weib der Bleichgesichter!«, rief sie mit triumphierendem Ausdruck. »Blut macht mir keine Furcht.«

Und mit funkelndem Auge und bebenden Lippen schickte sie sich an, den Kampf zu erneuern.

Man musste damit zu Ende kommen.

Don Lopez zog seinen Säbel, richtete die Spitze desselben auf das Gesicht der Indianerin, die mechanisch den Arm erhob, um den ihr drohenden Hieb zu parieren; dann machte er mit der Schnelligkeit eines Blitzes eine Wendung und versetzte der zarten Hand des jungen Mädchens mit der flachen Klinge einen so furchtbaren Schlag, dass diese mit einem Schrei die Machete fallen ließ. Aber gleich darauf bückte sich das tapfere Kind, um das Messer mit der linken Hand zu ergreifen. Don Lopez stürzte auf sie zu und beide rollten zu Boden.

Der Kampf konnte nicht lange dauern. Trotz der unerhörtesten Anstrengungen seines Opfers war es Don Lopez nach wenigen Minuten gelungen, derselben Herr zu werden und ihre Arme und Beine mit seinem Lasso zu fesseln.

Da fühlte das arme Mädchen, das sich bis dahin schweigend verteidigt hatte, seinen Mut ermatten und begann mit der Energie der Verzweiflung um Hilfe zu rufen.

Don Lopez suchte ihr Geschrei zu ersticken, nahm sie in seine Arme und eilte dem Eingang des Zeltes zu. Aber plötzlich wich er mit einem Fluch zurück. Ein Mann vertrat ihm den Weg und dieser Mann war der Schwarze Geier! Sein tödlicher Feind, der ihm in Santa Fe einen so blutigen Schimpf angetan hatte.

»Oh! Oh!«, sagte der Jäger mit teuflischem Lachen. »Seid Ihr es wieder, Don Lopez? Bei Gott, mein Bester! Ihr sollt mir nicht lebend entkommen!«

»Gebt Raum!«, brüllte der Mexikaner, indem er einen Revolver erfasste, der in seinem Gürtel steckte.

»Ich soll Euch vorüber lassen?«, antwortete der junge Mann, indem er sorgfältig die Bewegungen des andern überwachte. »Ihr habt große Eile, Euch von meiner Gesellschaft zu befreien. Zunächst steckt nur Eure Pistole wieder in den Gürtel, denn ich schwöre Euch bei meinem Seelenheil, dass ich Euch bei der geringsten verdächtigen Bewegung wie ein wildes Tier töten werde. Also fort mit diesen unnützen Drohungen und plaudern wir ein wenig.«

»Schwatze in der Hölle, verdammter Hund!«, schrie Don Lopez, indem er mit einer krampfhaften Bewegung auf den Hahn seiner Pistole drückte.

Der Schuss ging los.

So schnell die Bewegung des Goldsuchers aber auch gewesen war, so gab der Jäger ihm an Schnelligkeit nichts nach. Er bückte sich, um die Kugel zu vermeiden, die über seinen Kopf dahin flog, worauf er rasch seine Flinte anlegte. Aber er wagte nicht loszudrücken, denn Don Lopez hatte sich in den Hintergrund des Zeltes zurückgezogen und bediente sich des Körpers des jungen Mädchens als schützenden Schild.

Bei dem Geräusch des Schusses stürzten die Gefährten des Schwarzen Geiers in das Zelt, welches gleichzeitig von den Pawnees überfallen wurde.

Die wenigen Gambusinos, die ihre Gefährten überlebt hatten, im Ganzen waren es höchstens fünfzehn Mann, welche Don Juan auf den Befehl von Don Lopez um sich gesammelt hatte, errieten was dort drin vorging. Und da sie den Wunsch verspürten, ihrem Anführer zu Hilfe zu kommen, schlichen sie sich leise näher, ergriffen die Stricke, welche das Zelt hielten, und schnitten sie alle gleichzeitig durch.

Darauf senkte sich diese Masse Leinwand, die keinen Halt mehr hatte, und riss in ihrem Falle sämtliche Individuen, die sich unter ihr befanden, zu Boden. Unter den Pawnees und den Jägern herrschte einen Augenblick lang eine furchtbare Verwirrung. Don Lopez benutzte geschickt dieses so glückliche Ereignis für ihn, glitt schweigend hinaus, schwang sich auf sein Pferd, befestigte seine Gefangene hinter sich, und sich an die Spitze seiner kleinen Truppe setzend, griff er kräftig die Indianer an und stürmte mitten durch die dichte Masse, die sich ihm entgegen stellte.

Inzwischen gelang es dem Schwarzen Geier endlich, unter dem Zelte hervorzukommen. Er stieß einen Schrei der Wut und Enttäuschung aus, als er seinen Feind fern in der Ebene dahin stürmen sah.

Dieser Schrei wurde von den Jägern und Indianern wiederholt. Ohne einen Augenblick zu verlieren, bestiegen sie ihre Pferde, überließen das niedergebrannte Lager einigen Plünderern, und der Schwarze Geier und seine Verbündeten setzten den Gambusinos nach.

Darauf begann einer jener fabelhaften und unglaublichen Ritte, wie allein die Bewohner der Llanos deren erleben können, Ritte, die berauschen und Schwindel erregen, bei denen kein Hindernis stark genug ist, um dieselben aufzuhalten oder zu mäßigen, denn das Ziel ist Sieg oder Tod.

Die halbwilden Pferde der Indianer, die sich mit den Leidenschaften ihrer wilden Herren zu identifizieren scheinen, glitten in der Nacht mit der Schnelligkeit des gespenstischen Renners aus der deutschen Ballade dahin, übersprangen Abgründe und Schluchten, und flogen in der Prärie mit einer Raschheit dahin, die ans Wunderbare grenzte.

Zuweilen rollte ein Reiter mit seinem Pferd von der Höhe eines Felsen hinab und fiel, einen Schrei der Verzweiflung ausstoßend, in einen Abgrund und seine Gefährten stürmen über seinen Körper hinweg, indem sie mit einem Hurra des Hasses und der Rache diesem Todesschrei, dem letzten und traurigen Ruf eines Bruders, antworteten.

Diese erbitterte Verfolgung dauerte bereits seit zwei Stunden, ohne dass die Mexikaner einen Zollbreit Terrain verloren hatten. Mehre Pferde waren gestürzt; die andern, mit Schweiß bedeckt, keuchten vor Erschöpfung, während ein dichter Dampf ihren Nüstern entströmte, als sich plötzlich ein furchtbares, übermenschliches Geräusch vernehmen ließ. Die in vollem Lauf begriffenen Mustangs blieben plötzlich auf ihren zitternden Füßen stehen und wieherten entsetzt, während die Gambusinos, Jäger und Indianer zum Himmel aufblickten und einen Schrei des Schreckens nicht zu unterdrücken vermochten.

Es war mit der Natur eine plötzliche Veränderung vorgegangen. Der Himmel erschien kupferfarben, der unbewegliche, bleiche Mond war ohne Strahlen. Die Atmosphäre hatte eine solche Durchsichtigkeit angenommen, dass selbst die entferntesten Gegenstände zu erkennen waren. Eine erstickende Hitze lag über die Erde, kein Lüftchen regte sich oder bewegte die Blätter der Bäume, die Neobraska hatte plötzlich zu fließen aufgehört.

Das dumpfe Grollen, welches sich schon einmal hatte hören lassen, erneuerte sich mit einer zehnfach stärkeren Gewalt. Der wie durch eine unsichtbare, mächtige Hand erhobene Fluss stieg immer höher, trat plötzlich aus und überschwemmte die Prärie mit unerhörter Schnelligkeit. Die auf ihrer Basis schwankenden Berge stürzten von den Felsblöcken in die Ebene und rollten mit unheimlichem Geräusch hernieder. Die sich auf allen Seiten öffnende Erde verschüttete die Täler, senkte die Hügel und entströmte ihrem Schoss schwefliges Wasser, welches Steine und glühende Asche zum Himmel emporschleuderte und begann langsam sich hin und her zu bewegen.

»Erdbeben! Erdbeben! …«, riefen die Mexikaner sich bekreuzend, während sie alle Gebete wiederholten, die ihnen im Gedächtnis geblieben waren.

Es war in der Tat ein Erdbeben, die schrecklichste Plage jener Regionen. Die Erde schien zu sieden, wenn man sich dieses Ausdruckes bedienen darf. Unaufhörlich stieg und fiel sie, wie die sturmbewegten Wogen des Meeres. Das Bett der Bäche und Flüsse wechselte mit jedem Augenblicke und ungeheure Abgründe öffneten sich auf allen Seiten unten den Schritten der bestürzten Menschen.

Die aus ihren Höhlen gescheuchten wilden Tiere eilten, durch die immer höher steigenden Wogen des Flusses zurückgetrieben, im wahnsinnigen Schrecken herbei und mischten sich unter die Menschen. Unzählige Büffelherden stürmten durch die Ebene und stießen ein dumpfes Brüllen aus, stürzten übereinander, wenn sie plötzlich wieder umkehrten, um die Abgründe zu vermeiden, die sich unter ihren Füßen öffneten, und drohten in ihrem unsinnigen Lauf alles zu vernichten, was ihnen hindernd in den Weg trat.

Die Jaguare, Panther, Bären, Wölfe in buntem Gemisch

mit Damhirschen, Schafen und Assathas[1] ließen ein klägliches Geheul hören und dachten nicht daran, sich anzugreifen, so vollkommen hatte der Schrecken ihre blutgierigen Instinkte neutralisiert.

Die Vögel drehten sich, unheimlich kreischend, in der mit Schwefel gesättigten Atmosphäre und ließen sich mit ausgebreiteten Flügeln und vor Furcht gesträubten Federn schwerfällig zur Erde nieder.

Eine zweite Plage sollte sich mit der ersten vereinigen und wenn möglich, das Entsetzliche dieser Szene noch vermehren.

Das durch die Indianer im Lager der Gambusinos angelegte Feuer hatte sich allmählich den hohen Gräsern der Prärie genähert und plötzlich erhob es sich in seiner ganzen erhabenen und schrecklichen Größe, alles auf seinem Weg in Flammen setzend und mit furchtbarem Zischen weithin Millionen Funken sendend.

Man muss eine Feuersbrunst in den Pampas in dem Süden Amerikas erlebt haben, um sich eine Vorstellung von dem prächtigen Schrecken eines solchen Schauspiels zu machen. Ganze Urwälder brennen nieder und ihre hundertjährigen Bäume winden sich im Todesröcheln, bebend und schaudernd vor Schmerz, indem sie gleich menschlichen Geschöpfen klagende Töne ausstoßen. Die brennenden Berge gleichen unheimlichen Leuchttürmen, deren ungeheure Flammensäulen kreisend gen Himmel steigen, den sie weithin mit blutroten Reflexen färben.

Von Zeit zu Zeit wiederholten sich die heftigen Stöße. Im Norden drangen die Wogen des Neobraska immer rascher vorwärts, im Süden züngelte das Feuer in immer schnelleren Sätzen weiter. Die unglücklichen Rothäute und die Gambusinos, ihre Feinde, sahen mit unbeschreiblichem Entsetzen den Raum rings um sie immer enger werden, sodass jeder Gedanke an Rettung erstarb.

In diesem äußersten Augenblick, wo jedes Gefühl des

[1] Eine Antilopenart.

Hasses in ihren Herzen erlosch, dachten Don Lopez und der Schwarze Geier nur an ihre Rache. Sie setzten ihren raschen Ritt fort und stürmen wie Dämonen durch die Prärie, die ihnen wahrscheinlich bald als Grab dienen sollte.

VI. Der Hügel des Schwarzen Vogels

Immer weiter drang die Gefahr und schon konnten die Indianer und Gambusinos mit Gewissheit berechnen, wie viel Minuten ihnen noch zu leben blieben, bevor ihr letzter Zufluchtsort unter dem Wasser begraben oder durch die Flammen verzehrt würde.

In diesem äußersten Augenblicke richteten sämtliche Pawnees ihren Blick auf den Schwarzen Geier, als sei er der einzige Mann, der sie zu retten vermochte.

Der Jäger gab sofort die Verfolgung Don Lopez' auf.

»Was wünschen meine Brüder?«, fragte er.

»Dass der bleiche Jäger sie rette«, antwortete ein Pawneehäuptling.

Der junge Mann lächelte, indem er einen stolzen Blick auf all jene Männer warf, die von ihm ihr Heil erwarteten.

»Meine Brüder hören«, begann er. »Ihre Befreiung ist in ihren Händen. Verliert keine Zeit, tötet so viel Büffel, als Ihr irgend könnt, zieht ihnen die Häute ab, die euch als Pirogen dienen werden und dann schütze euch der Wakonda.«

Die Indianer stießen ein Geschrei der Freude und der Hoffnung aus und ohne länger zu zaudern, liefen sie auf die Büffel los, welche, halb toll vor Entsetzen, sich ohne Widerstand zu leisten, töten ließen.

Als der Schwarze Geier sah, dass seine Alliierten sich eifrig damit beschäftigten, ihre Pirogen zu verfertigen, dachte er von Neuem an die Gambusinos. Diese waren ebenso wenig müßig geblieben. Auf Befehl Don Lopez' hatten sie einige Bäume, die den Fluss hinab trieben, gesammelt, dieselben, mit ihren Lassos aneinander gebunden und so in der Eile ein Floß gefertigt, welches fähig war, sie alle zu tragen, worauf sie dasselbe der Strömung überließen.

Als der Schwarze Geier bemerkte, dass sein Feind ihm ein zweites Mal zu entschlüpfen drohte, zögerte er nicht, sondern legte auf ihn an. Aber Don Juan Venado musste sich an dem Jäger rächen und so benutzte er die sich ihm darbietende Gelegenheit, legte seine Flinte an und gab Feuer.

Die durch die Bewegung des Floßes gestörte Kugel gelangte nicht an das Ziel, welches der Mexikaner beabsichtigte, aber sie zerbrach das Gewehr des Jägers in seinen Händen in dem Augenblicke, wo er losdrücken wollte. Die Gambusinos stießen ein triumphierendes Geschrei aus, welches plötzlich in Zorn überging; Señor Don Juan sank durch den Castor, der ihm eine Kugel in die Brust gesandt hatte, tödlich verwundet in ihre Arme.

Mittlerweile brach der Tag an und die Sonne stieg glänzend am Horizont empor, indem sie mit ihren Strahlen das erhabene Naturschauspiel beleuchtete und den Mut der Menschen und Tiere einigermaßen wieder belebte.

Nachdem die Indianer mit jener Raschheit und Geschicklichkeit, die sie auszeichnet, einige zwanzig Piroggen angefertigt hatten, begannen sie dieselben in die Wogen hinabzulassen.

Die Jäger suchten das Floß mit ihrem Lasso zu erreichen und an sich zu ziehen, während dagegen die Gambusinos unerhörte Anstrengungen machten, es im Strom zu halten. Endlich war es der Ginsterblüte gelungen, seinen Lasso fest in die Baumstämme zu werfen, und zwei Mal schon hatte Pépé Naïpes denselben mit seinem Messer durchschnitten.

Die Fliegende Taube, die man in diesem Augenblick nicht zu überwachen bedachte, benutzte eine Minute, wo sie von Don Lopez nicht beobachtet wurde und warf sich entschlossen in den Fluss; aber bei dem Geräusch ihres Falles wandte der Mexikaner den Kopf und tauchte sogleich ins Wasser, um sie zu verfolgen.

Darauf begannen die Jäger wieder auf den Gambusino zu schießen, welcher bei jeder Kugel, die mit unheimlichen Gezische neben ihm ins Wasser schlug, mit teuflischem Lachen den Kopf schüttelte.

»Zu mir!«, rief das junge Mädchen mit keuchender Brust, »zu mir, Kolixi! Zu Hilfe!«

»Hier bin ich«, antwortete der Schwarze Geier, »Mut, meine Liebe, Mut!«

Und nur seiner Leidenschaft und seinem Hass gegen den Mexikaner folgend, nahm der Jäger sein Messer zwischen seine Zähne und stürzte sich in den Fluss, um derjenigen, welche er liebte, zu Hilfe zu kommen.

»Komm!«, wiederholte die Fliegende Taube. »Wo bist du? Wo bist du?«

Der junge Mann machte eine unglaubliche Anstrengung, um sich Rant-chaï-waï-mé zu nähern, und die Feinde befanden sich einander gegenüber mitten in den bewegten Wogen des Flusses. Da vergaßen sie jedes Gefühl der Selbsterhaltung und stürzten mit dem Messer in der Hand aufeinander los.

In diesem Augenblick ertönte ein furchtbarer Krach, ähnlich der Entladung eines ganzen Artillerieparks, welcher aus dem Innern der Erde kam. Ein schrecklicher Stoß bewegte den Boden und der Fluss wurde in seinem Bett mit einer unwiderstehlichen Gewalt aufgewühlt. Don Lopez und der Schwarze Geier, von dem durch diese gewaltige Erschütterung verursachten Wirbel erfasst, drehten sich einige Sekunden im Kreise, wurden rasch voneinander getrennt und ein unüberwindlicher Abgrund öffnete sich zwischen ihnen.

Als der Jäger sich wieder erhob, bemerkte er auf der andern Seite des Abgrunds Don Lopez, der mit dämonischem Gelächter das junge ohnmächtige Mädchen in seinen Armen hielt. Er sank verzweiflungsvoll auf den Boden nieder.

Dieser Stoß war die letzte Anstrengung des Erdbebens; es fanden nur noch einige schweigende aber kaum fühlbare Bewegungen statt, als suchte die Erde ihr einen Augenblick verlorenes Gleichgewicht wieder zu gewinnen.

Die auf ihren Pirogen davongetragenen Pawnees waren außer Gefahr. Das Feuer begann, aus Mangel an Nahrung, in diesem durchwühlten und durch die Wogen des Flusses überschwemmten Boden zu erlöschen.

Mitten in diesem unbeschreiblichen Chaos blieben nur der Schwarze Geier und seine sechs Gefährten allein zurück. Er verlor den Mut nicht, und da er mit aller Gewalt die Gambusinos wieder erreichen wollte, welche bereits hinter den ungeheuren Klüftungen, die durch das Erdbeben in dem Boden entstanden, verschwunden waren, so winkte er seinen Gefährten, einige Pferde zu fangen, die in der Ebene herumliefen, worauf sich die sieben Abenteurer in den Sattel schwangen und sich wieder zur Verfolgung ihrer Feinde ausmachten.

Don Lopez hatte bei seinen zahlreichen Reisen durch die Prärien einen Hügel bemerkt, dessen Lage so sicher schien, dass es ein Leichtes war, sich daselbst mehrere Tage gegen eine bedeutende Anzahl Feinde zu halten. Er hatte sich vorgenommen, diesen Ort, wenn ihn einst die Umstände dazu nötigen sollten, zu seinem Zufluchtsort zu wählen. Dorthin also führte er seine kleine Truppe.

Sie kam dort kurz nach Mittag an.

Dieser Ort hieß der Hügel des Schwarzen Vogels. Folgendes war der Grund, weshalb man ihm diesen Namen, den er noch trägt, gegeben hatte:

Ungefähr vor fünfzig Jahren hatten die Omochas einen berühmten Häuptling, welcher aus seiner Nation den kriegerischsten und gefürchtetsten Stamm aller indianischen Völkerschaften der Prärien des Westens machte.

Dieser Häuptling, welcher Waeh-ing-guh-sah-ba oder der Schwarze Vogel hieß, war nicht allein ein großer Krieger, sondern auch ein großer Politiker. Mithilfe des Geheimnisses gewisser Gifte, hauptsächlich des Arsenik, welches er bei weißen Kaufleuten gekauft hatte, war es ihm durch hinterlistige Tötung derjenigen, die sich ihm widersetzten, gelungen, eine unbegrenzte abergläubische Furcht einzuflößen.

Als er seinen Tod herannahen fühlte, bezeichnete er den Ort, den er zu seiner Grabstätte gewählt hatte.

Es war dies ein pyramidaler Hügel von ungefähr hundertundzwanzig Meter Höhe. Er beherrscht weithin den Lauf des Flusses, der an seinem Fuß vorüberfließt, nachdem er tausend und abertausend Krümmungen in der Ebene gemacht hat. Der Schwarze Vogel befahl, dass sein Grab auf dem Gipfel dieses Hügels errichtet werde, wo er sonst zu sitzen pflegte.

Man führte seinen Letzten Willen aus. Sein Leichnam wurde aus dem Gipfel des Berges auf seinem schönsten Renner eingesenkt, und über beide warf man einen Erdhügel auf. Ein in das Grab gepflanzter Stab trug das Banner des Häuptlings und die Skalps, welche er seinen Feinden geraubt hatte.

Auch ist der Berg des Schwarzen Vogels ein Gegenstand der Verehrung für die Indianer, und sobald eine Rothaut zum ersten Male in den Krieg ziehen will, so stärkt sie ihren Mut durch das Betrachten jenes bezauberten Hügels, der die Gebeine des kriegerischen Indianers und seines Pferdes einschließt.

Die Gambusinos nahmen freudig von dem Hügel Besitz und begannen ihn zu befestigen, soviel es ihnen möglich war, indem sie die stärksten Bäume, die sie fanden, fällten und dichte Palisaden errichteten, die mit zugespitzten Pfählen besetzt und rings von einem zehn Fuß breiten Graben umgeben waren.

Nachdem diese erste Arbeit beendet war, stieg Don Lopez auf den Gipfel des Grabes des Schwarzen Vogels und blickte aufmerksam in die Ebene hinab. In dieser Höhe übersah er ein weites Terrain. Die Prärie und der Fluss waren öde, nichts ließ sich am Horizont erblicken, wenn nicht einige Büffelherden, die teilweise das dichte Gras abweideten, teils nachlässig hingestreckt waren. Der Mexikaner empfand ein Gefühl unbeschreiblicher Befriedigung, als er erkannte, dass seine Spur noch nicht entdeckt war und er die notwendige Zeit hatte, um alles zu einer kräftigen Verteidigung vorzubereiten.

Er dachte nun daran, sein Lager mit Lebensmitteln zu versehen, um nicht ausgehungert zu werden, wenn, wie es wahrscheinlich war, er angegriffen würde.

Er ordnete daher eine große Büffeljagd an, schnitt das Fleisch der getöteten Tiere in sehr dünne Streifen, die man an

Stricken aufhängte, um sie in der Sonne zu trocknen, was man in den Pampas *charqui* nennt.

Die Küche wurde in einer natürlichen Grotte eingerichtet, die sich im Innern der Verschanzungen befand. Es war also leicht, Feuer zu machen, ohne fürchten zu müssen, entdeckt zu werden, denn der Rauch verlor sich durch eine unendliche Menge Spalten, welche ihn teilten und unbemerkbar machten.

Die Gambusinos waren glücklicher gewesen als die Jäger. Sie hatten ihre Pferde in der schrecklichen Katastrophe der Nacht nicht verloren, und da sie sie beim Verlassen des Lagers in der Eile mit allem beladen hatten, was ihnen in die Hände fiel, so befanden sie sich mit Kriegsmunition und allen unumgänglich nötigen Gegenständen zu ihrem Lager versehen.

Sie verbrachten die Nacht mit Anfertigung von Schläuchen aus Büffelhäuten; verstrichen die Nähte mit Fett, damit sie keine Flüssigkeit hindurch ließen, und füllten sie in kurzer Zeit mit einer bedeutenden Menge Wasser.

Mit Anbruch des Tages bestieg Don Lopez wieder sein Observatorium, und nachdem er lange die Ebene überschaut und sich überzeugt hatte, dass die Wildnis noch immer ihre Einsamkeit bewahrt hatte, rief er Pépé Naïpes zu sich.

»Gevatter!«, sagte er zu ihm, »Ihr werdet Euer Pferd besteigen und Euch zu den Dörfern der Omahas begeben, deren Rauch Ihr von hier aus bemerken könnt.«

»Hm!«, meinte der Ranchero. »Allein?«

»Ja, es ist wichtig, dass alle unsere Leute hier bleiben; überdies verbirgt sich in der Prärie ein Mann leichter als mehrere. Und dann, was fürchtet Ihr?«

»Nun wahrlich, skalpiert zu werden!«

»Oh, mein Gott, die Gefahr ist wenigstens hier nicht weniger groß. Wir können in jedem Augenblick angegriffen werden und dann werden wir wahrscheinlich alle getötet.«

»Es geschieht also in meinem Interesse, dass Ihr mich zu den Omahas schickt?«

»Ja, und in unserem.«

»Ah!«

»Vollkommen; hört mich an. Sobald Ihr im Dorf angelangt seid, stellt Ihr Euch dem Grauauge, dem Häuptling des Stammes und einem alten Bekannten von mir, vor. Ihr teilt ihm mit, dass ich Euch gesandt habe, um ihm mitzuteilen, dass ich in Gefahr sei und seine Hilfe erbitte. Ihr werdet Sorge tragen, mit ihm zu trinken und zu diesem Zwecke einen Schlauch Branntwein mitnehmen. Grauauge wird sich, sobald Ihr ihm diese Machete zeigen werdet, welche er genau kennt, überreden lassen und Euch mit seinen Kriegern, beinahe fünfhundert Mann, folgen, die Ihr hierher führen werdet. Habt Ihr mich verstanden?«

»Vollkommen.«

»So brecht sogleich auf und viel Glück! Bedenkt, dass Ihr das Schicksal all Eurer Gefährten in Eurer Hand habt.«

Halb geschmeichelt, halb bedrängt durch diesen Auftrag, wagte Señor Don Pépé Naïpes nicht, dem Befehl seines Herrn ungehorsam zu sein. Er schwang sich daher auf sein Pferd, machte das Zeichen des Kreuzes und ritt davon, begleitet bis zu den letzten Verschanzungen von den Gambusinos, die ihn baten, sich zu beeilen.

Er setzte seinen Weg länger als zwei Stunden fort und war nicht mehr weit vom Dorf der Omahas entfernt, als plötzlich ein Lasso um seine Ohren pfiff, ein Knoten sich um seine Schultern schürzte und er halb erdrosselt zu Boden rollte.

Plötzlich erhoben sich zwei Rothäute aus dem Gras, welches sie verborgen hatte, und stürzten auf ihn zu.

»Barmherzigkeit!«, rief er und schloss entsetzt die Augen. »Ich bin tot.«

VII. Necülpangue

Der Señor Pépé Naïpes war verloren. Schon schwang der eine der Indianer, der sein dichtes, starkes Haar um seine Faust gewunden hatte, sein Skalpmesser in immer schreckenerregenderen Kreisen um den Schädel seines Opfers, als der zweite Indianer den Arm seines Gefährten festhielt und zu ihm sagte:

»Lass diesen Hund, er ist deines Zornes nicht wert. Sein Leben wird uns nützlicher sein als sein Tod.«

Der Krieger steckte sein Messer wieder in seinen Gürtel zurück und stieß den Mexikaner verächtlich mit dem Fuße fort.

Dieser atmete wieder auf; er war wenigstens für den Augenblick gerettet.

»Wer bist du?«, begann der Mann auf Spanisch, der sich auf eine so glückliche Weise für ihn ins Mittel gelegt hatte.

»Ein armer Teufel von Gambusino, der durch einen Herrn, welcher ein Goldfeld aufsucht, gedungen wurde.«

»Du lügst«, unterbrach ihn heftig der erste Indianer. »Du bist der Verbündete und Freund des Don Lopez Arriaga.«

»Häuptling, ich versichere Euch, dass Ihr im Irrtum seid.«

»Schweig, Nauchenanga weiß, was er sagt, habe ich nicht einen Monat unter Euch gelebt? Habe ich Euch nicht oft über Eure Pläne reden hören?«

Der Mexikaner neigte den Kopf.

»Was wollt Ihr von mir?«, fragte er.

»Die Wahrheit!«, antwortete der alte Indianer mit mächtiger Stimme.

Pépé Naïpes schauderte bei diesen Worten. Er blickte Necülpangue einen Augenblick erschreckt an und erkannte sogleich, dass nur Offenheit ihn retten konnte. Sein Entschluss war also bald gefasst.

»Sprecht!«, murmelte er.

»Kommt«, befahl Nauchenanga, indem er ihm winkte, aufzustehen und ihnen zu folgen.

Pépé Naïpes gehorchte ohne Widerstreben.

Durch das Erdbeben überrascht, hatte Necülpangue und Nauchenanga wie alle anderen Bewohner der Prärie, alle Stufen des Schreckens durchgemacht und waren seit dem Augenblick, wo sie die Grotte von Sayotkatta verließen, um Don Lopez zu verfolgen, wohl zwanzig Mal in Gefahr gewesen, umzukommen. Sobald die Gefahr vorüber war, hatten sie die Umgegend des Lagers durchforscht und es war ihnen gelungen, die Spuren der Gambusinos wiederzufinden. Einige Meilen weiter hatten sie dieselben aber wieder verloren, und als Pépé Naïpes in ihre Hände fiel, wussten sie nicht mehr, wohin sie sich wenden sollten.

Von den beiden Indianern begleitet, die ihn veranlasst hatten, seine Schuhe auszuziehen, und ihn zwangen zu Fuß zu gehen, um ihn leichter zu überwachen, setzte der Mexikaner seinen Weg fort, während er betrübt an das Presidio von Santa Fe und an die Martern dachte, welche die Wilden, auf deren Milde er keineswegs rechnete, ihm auferlegen könnten.

Nachdem sie lange durch eine zwischen zwei Hügeln befindliche tiefe Schlucht ihren Weg fortgesetzt hatten, gelangten sie an eine große Lichtung, die an den Ufern des Neobraska, in geringer Entfernung von den Dörfern der Omahas, lag, zu denen man Pépé Naïpes gesandt hatte.

Dieser Ort schien vollständig öde, aber die drei Männer hatten kaum zehn Schritt zurückgelegt, als einhundert bemalter und zum Kriege ausgerüsteter Comanchen sich plötzlich aus den hohen Gräsern erhoben, in denen sie verborgen gewesen waren.

Bei dieser plötzlichen und unvermuteten Erscheinung konnte Pépé Naïpes eine Bewegung des Schreckens nicht unterdrücken. Seine Gefährten aber begnügten sich, um sich zu blicken, ohne dabei die geringste Überraschung zu zeigen, und nachdem sie einige leise Worte mit den neu Angekommenen ausgetauscht hatten, setzten sie ihren Weg schweigend fort. Außer einigen Indianern, die sich ihnen anschlossen, waren die anderen ebenso schnell wieder verschwunden, wie sie gekommen waren.

Endlich an einer Stelle angelangt, wo mehrere Pirogen auf dem Ufer lagen, in geringer Entfernung von einem erlöschenden Feuer, in welches die Rothäute eilig einige Arme voll trockenen Holzes warfen, um es wieder zu beleben, machten die beiden Häuptlinge Halt, und winkten dem Mexikaner, dasselbe zu tun.

Necülpangue, Nauchenanga und einige andere setzten sich im Kreise um das Feuer und begannen ernsthaft und schweigend zu rauchen.

Die Menschen in Amerika haben die Gewohnheit, einige Zeit zu rauchen, bevor sie einen wichtigen Entschluss fassen, eine ernste Rede beginnen oder einen kühnen Plan zur Ausführung bringen.

Pépé Naïpes kannte die indianischen Sitten viel zu gut, als dass ihn die scheinbare Gleichgültigkeit der Comanchen in Bezug auf ihn und die gemächliche Langsamkeit, mit der sie den Rauch aus ihren Pfeifen sogen, hätte überraschen sollen. Der Gedanke, ihren Händen zu entfliehen, kam ihm daher auch für keinen Augenblick. Er wusste, dass alle seine Bewegungen beobachtet wurden und er bei der geringsten verdächtigen Bewegung ergriffen und geknebelt werden würde.

Die Zahl der in der Lichtung versammelten Indianer wuchs mit jedem Augenblick und wurde bald beträchtlich. An ihrer Tracht und der Art, wie sie die Feder in ihrem Kriegsbüschel trugen, erkannte Pépé Naïpes, dass diese Männer nicht zu dem Stamm gehörten, welcher das Lager angegriffen und sich desselben bemächtigt hatte.

Es waren in der Tat die zweihundert Comanchenkrieger, deren Ankunft Nauchenanga Don Lopez verkündet hatte.

Necülpangue erhob sich, und einen ruhigen Blick über die Indianer, die ihn umgaben, schweifen lassend, sammelte er sich einige Minuten und nahm dann das Wort.

»Comanchenhäuptlinge«, begann er mit wohlklingender, sympathischer Stimme, »unsere Brüder, die Pawnees der Prärien haben uns durch die Zerstörung des Lagers der Bleichgesichter ein schönes Beispiel gegeben; aber der von unsern Brüdern versuchte kühne Handstreich ist nur zur Hälfte geglückt, da der Häuptling der Expedition ihnen zu entgehen wusste. Und er führte dabei Rant-chaï-waï-me mit sich fort, die wir zu befreien geschworen haben. Werden wir die Fliegende Taube, welche die Freude unserer Herzen und unsere Augenweide ist, noch länger in der Macht ihrer Räuber lassen?«

Bei diesen letzten Worten durchlief ein zorniges Beben die Versammlung und alle Hände ballten sich drohend um die Griffe der Tomahawks und die Läufe der Gewehre.

»Meine Meinung ist folgende, Häuptlinge der Comanchen«, fuhr Necülpangue gleichmütig fort, ohne scheinbar die tiefe Erregung zu bemerken, die er hervorgerufen hatte. »Lasst uns das Bleichgesicht befragen, welches in unsern Händen ist; es muss wissen, wo sein Häuptling, den wir vergeblich suchen, verborgen ist. Wenn er nicht gutwillig sprechen will, werden wir ihn dazu zu zwingen wissen. Danach werden wir uns zur Verfolgung der Flüchtigen aufmachen, um sie bei unserer Rückkehr in unsere Dörfer an den Marterpfahl zu binden und ihr Kopfhaar zu nehmen. Habe ich gut gesprochen, mächtige Männer?«

»Unser Vater hat gut gesprochen«, antworteten die Häuptlinge im Chor, indem sie sich ehrerbietig vor dem Greis verneigten. »Die Weisheit lebt in ihm und Guatechu hat sie ihm eingeflößt.«

»Wohlan«, erwiderte Necülpangue, »meine Söhne haben Nachsicht mit meinem grauen Haupt, ich danke ihnen dafür. Man führe den Gefangenen vor.«

Pépé Naïpes wurde plötzlich von zwei Kriegern ergriffen, zum Beratungsfeuer gestoßen und dem Löwen der Wildnis gegenübergestellt. Sehr beunruhigt durch die raue Art, wie man ihn vorführte, begann er an allen Gliedern zu zittern und seine Seele Gott und allen Heiligen des Paradieses zu empfehlen.

Necülpangue betrachtete ihn einen Augenblick mit jenem forschenden Auge, dem nichts entgeht und ein Lächeln der Verachtung glitt über seine bleichen Lippen. Er hatte auf den ersten Blick erkannt, mit welcher elenden Natur er es zu tun hatte, und wie leicht es ihm sein würde, alles von ihr zu erlangen, was er wünschte. Darauf änderte er den strengen Ausdruck seines Gesichts und nahm eine freundliche und leutselige Miene an, verneigte sich höflich vor dem Mexikaner und begann mit sanfter, einschmeichelnder Stimme:

»Ich freue mich, dass Guatechu mir erlaubt hat, Euch einen Dienst zu erweisen.«

»Dienst!«, rief Pépé Naïpes mit Wärme, ganz erfreut durch das liebenswürdige Benehmen des Indianers. »Caraï! Häuptling, Ihr habt mir das Leben gerettet, ohne Euch wäre ich ein toter Mann.«

»Habe ich wirklich das Leben meines Bruders gerettet?«

»Hm, ich glaube es wohl, und wenn Nauchenanga damit einverstanden ist, so bin ich gewiss, dass er meiner Meinung sein wird.«

»Mein Bruder wird mir verzeihen«, entgegnete Nauchenanga, mit honigsüßer Stimme, indem er die Hand des Mexikaners wohlwollend drückte, »der Zorn verblendete mich, ich wusste nicht, was ich tat.«

»Ja, ja«, versetzte der Ranchero, der sich immer mehr beruhigte, und der als würdiger Mexikaner unverschämt, schwatzhaft und großsprecherisch wurde. »Nun das ist einerlei, Häuptling, ich möchte Euch nur bitten, ein anderes Mal aufmerksamer zu sein; ein Missverständnis ist unter gewissen Umständen tödlich.«

»Wohlan, da mein Bruder es zugibt, so ist es sicher, dass ich ihm das Leben gerettet habe«, erwiderte Necülpangue immer noch gleichmütig.

»Ja, Häuptling, ich werde es allen gegenüber erklären.«

»Sehr gut, mein Bruder ist dankbar. Wird er seinerseits etwas für einen Mann tun, der so viel für ihn getan hat?«

»Sprecht, Häuptling, ich stehe zu Eurem Befehl.«

»Weiß mein Bruder, was aus dem großen bleichen Häuptling geworden ist?«

»Ei, ob ich es weiß? Er hat sich gerettet.«

»Und weiß mein Bruder, wo er ist?«

»Was das anbetrifft, Häuptling, so weiß ich durchaus nicht, wie der Ort heißt, wo er sich verschanzt hat, aber ich kann euch denselben beschreiben.«

»Gut, mein Bruder hat nicht gelogen. Alles, was er sagt, ist Wahrheit. Er beschreibe mir also den Ort.«

»Mit Vergnügen, Häuptling«, antwortete Pépé, indem er den Liebenswürdigen spielte. »Es ist ein hoher Hügel vier Meilen von hier, beinahe am Ufer des Flusses. Auf der Höhe dieses Hügels ist ein berühmter indianischer Häuptling begraben.«

»Der Hügel des Schwarzen Vogels?«, fragte Necülpangue.

»Ich glaube in der Tat, Häuptling, diesen Namen gehört zu haben.«

»Und Rant-chaï-waï-mé? Kann mir mein Bruder sagen, was aus ihr geworden ist?«, fragte Nauchenanga.

»Freilich, Häuptling, sie ist bei uns im Lager.«

In diesem Augenblick trat ein Indianer an Necülpangue heran und sagte ihm einige Worte ins Ohr.

»Sehr gut!«, sprach der alte Häuptling zu dem Mexikaner. »Ich danke meinem Bruder, er kann sich zurückziehen.«

»Einen Augenblick«, sagte eine strenge Stimme. »Erinnert sich mein Vater Necülpangue nicht mehr an sein Versprechen? Dieser Mann gehört mir.«

Und der Zauberer schritt aus der Mitte der Versammlung hervor und legte seine lange knochige Hand auf die Schulter Pépé Naïpes.

»Was will unser großer Arzt mit diesem Manne tun?«

»Ich will morgen mit Tagesanbruch sein klopfendes Herz dem Jurupari zum Opfer bringen, um seinen bösen Einfluss abzuwenden.«

»Mein Vater lasse diesen Elenden gehen«, sagte Necülpangue mit sanfter Stimme, »ich habe andere Opfer für ihn, die des Gottes, den er ehren will, würdiger sind.«

»Unmöglich«, versetzte der Wahrsager mit fester Stimme, »Jurupari verlangt Blut.«

Necülpangue neigte den Kopf. So mächtig ein indianischer Häuptling auch ist, wie auch sein Einfluss auf die Glieder seines Stammes, so ist nichts unsicherer, als diese Macht, die ein Hauch oder eine Laune in einer Sekunde vernichten kann. Und die vorübergehende Gunst, deren er sich erfreut, kann für immer dahin sein, wenn er durch Nachgiebigkeit nicht stets die Majorität für seine Interessen zu gewinnen und die abergläubische Schwäche seiner Untergebenen zu respektieren weiß.

Necülpangue kannte den indianischen Charakter nur zu gut, um länger zu kämpfen und seinen Kriegern das Opfer, nach dem ihnen gelüstete, länger vorzuenthalten.

»Meines Vaters Wunsch werde erfüllt«, sagte er. »Dieser Mann gehört ihm; Jurupari wird zufrieden sein.«

»Necülpangue ist ein großer Häuptling, möge er noch tausend Monde am Beratungsfeuer sitzen und unsere Krieger zum Kampfe führen«, antwortete der Zauberer mit einem Lächeln der Befriedigung.

Die Indianer stießen ein fanatisches Freuden-Hurra aus, indem sie Necülpangue beglückwünschten, der den durch sein Zaudern einen Augenblick erschütterten Einfluss wieder gewonnen hatte.

Pépé Naïpes, der das Schicksal, welches ihn erwartete, vernahm, stieß ein Jammergeschrei aus und warf sich seinen Henkern zu Füßen, die er vergebens durch seine Tränen zu erweichen suchte, während er mit allen seinen Kräften sich denen widersetzte, die sich seiner bemächtigt hatten und ihn fortzuziehen suchten.

Endlich verlor er jede Hoffnung und leistete nur mechanisch Widerstand.

Man warf ihn, fest geknebelt, am Fuß eines Baumes nieder, bis die Stunde der Marter herannahte.

VIII. Die Elenjagd

Viele Stunden waren verflossen, seit Pépé Naïpes aufgebrochen war, um bei den Omahas Hilfe zu suchen, und nicht das Geringste ließ vermuten, dass ihm seine Mission geglückt und er auf dem Rückweg sei. Die Unruhe im Lager der Gambusinos war groß. Auf dem Gipfel der Grabstätte des Schwarzen Vogels stehend, blickte Don Lopez vergebens nach allen Richtungen. So weit sein Auge reichte, herrschte Einsamkeit und Schweigen. Kein Geschöpf zeigte sich und die Landschaft wurde nur zeitweise von den im Galopp dahin eilenden Büffeln, den Assathas, die am Ufer des Flusses von Fels zu Fels sprangen, und von den Schafen und Damhirschen, welche verwirrt hierhin und dorthin liefen belebt.

Die Sonne neigte sich am Horizont, und die Dunkelheit, die sich vom Himmel herabsenkte, schien die Natur wie in ein Leichentuch zu hüllen.

Die Mexikaner mussten auf die Hoffnung verzichten, ihren Gefährten vor dem nächstfolgenden Tag zurückkommen zu sehen, da die Wege schlecht waren und sie die Vorsicht, um nicht zu sagen die Feigheit, ihres Gesandten kannten. Entmutigt durch das vergebliche Warten und überdies demoralisiert durch das Missgeschick, welches sie seit ihrer Abreise von Santa Fe verfolgt hatte, setzten sich die Gambusinos um ein Feuer, welches sie, trotz der Gefahr entdeckt zu werden, angezündet hatten, um die Raubtiere fernzuhalten. Sie nahmen ihre dürftige Mahlzeit ein und tauschten düstere Blicke miteinander aus, wie Männer, welche die Ahnung eines nahen Unglückes haben und deren Energie so erschüttert ist, dass sie nicht einmal mehr aus Mittel sinnen wollen, dasselbe zu vermeiden.

Don Lopez war nicht weniger niedergeschlagen als die Leute, welche er befehligte. Er ging auf und nieder, erwog in seinem Innern alles, was ihn seit einem Monat betroffen hatte, und sah mit Verzweiflung die goldenen Träume, in die er sich glücklich so lange gewiegt hatte, auf immer vernichtet, jetzt, wo seine Truppe zu einer Handvoll durch das Unglück furchtsam gemachter Leute zusammengeschmolzen war.

Außerdem war der Comanchenhäuptling Nauchenanga, der allein die Lage des Goldfeldes kannte, verschwunden. Vielleicht war er tot; und wie sollte man ohne ihn in diesen ungeheuren Ebenen, einem Labyrinth, dessen Faden in seinen Händen zerrissen war, die Goldmine entdecken!

An dem Tage, als Don Lopez an der Spitze einiger fünfzig entschlossenen und hoffnungsvollen Leute das Presidio mit der Gewissheit verließ, sich in kurzer Zeit zu bereichern, ahnte er nicht, in welch traurigen Zustand er versetzt werden würde.

Diese nagenden Gedanken hatten ihn in eine düstere Melancholie versenkt und jener Mann von Eisen, der stets alle Hindernisse, die ihm in den Weg traten, beseitigt, welcher sich bei allen Gelegenheiten stärker als das Missgeschick gezeigt hatte, begann zu fürchten und für sich zu zittern, als er einen Blick auf sein vergangenes Leben warf, und an die Verbrechen dachte, mit denen er sich beschmutzt hatte!

Einige Schritte von ihm, halb im Schatten verborgen, kauerte die arme Rant-chaï-waï-mé.

Die Arme übereinandergeschlagen, den Kopf auf die Brust geneigt, weinte sie still und trostlos. Das arme Kind hatte sich auch seit dem Tag, wo wir sie zum ersten Mal in dem Rancho Pépé Naïpes erblickt hatten, sehr verändert. Ihre Wangen waren bleich und ihre Augen mit dunklen Ringen umgeben. Sie war nur noch der Schatten ihrer selbst, denn die Gefangenschaft war für das an die Freiheit der Wildnis gewöhnte Mädchen sehr hart.

Don Lopez hatte sie freilich stets mit Güte behandelt; aber sie erkannte im Grunde des Herzens jenes Mannes die wilde Leidenschaft, die er für sie fühlte. Diese Leidenschaft, die er ihr nicht zu erklären wagte, machte ihn so eifersüchtig, dass er sie nicht eine Sekunde verließ und ganze Stunden damit zubrachte, sie schweigend zu betrachten; eine Plage, welche für das junge Mädchen zu einer schrecklichen Strafe geworden war.

Die Nacht war vollständig hereingebrochen und der tiefblaue Himmel mit einer unzähligen Menge Sterne besät, die wie Diamanten funkelten. Der Mond erhob sich am Horizont und übergoss die Erde mit seinen silbernen Strahlen, welche die Gegenstände mit fantastischem Schein beleuchteten.

Es war eine jener schönen Nächte der amerikanischen Wildnis, voll seltsamer Wollust und berauschenden Dufts. Die Luft war rein, die Atmosphäre durchsichtig, die ganze Natur schien sich von ihren Strapazen zu erholen und neue Kräfte zu schöpfen nach den Erschütterungen der vorangegangenen

Nacht. Eine erhabene Ruhe lag über der Prärie, die nur durch jenes bekannte Geräusch gestört wurde, wie man es in den Pampas hört und das der Atemzug der schlafenden Welt zu sein scheint.

Plötzlich unterbrach der Klageruf der blauen Nachteule zweimal die Stille; ihr kläglicher, sanfter Ton hallte melodisch durch die Nacht.

Rant-chaï-waï-mé bebte und blickte verstohlen auf Don Lopez, der diesem Schrei keine Aufmerksamkeit geschenkt hatte.

»He! Gevatter!«, sagte einer der Gambusinos, indem er sich an seinen Nachbar wandte. »Da singt ein Vogel noch sehr spät.«

»Eine schlechte Vorbedeutung!«, antwortete der Angeredete.

»Was meint Ihr für eine schlechte Vorbedeutung?«

»Ich habe immer sagen hören«, versetzte der zweite Sprecher, »dass, wenn man einen Vogel bei einem Grabe singen hört, dies Unglück bedeutet.«

»Der Teufel hole Euch mit Euren Weissagungen! An Unglück hat es uns bis jetzt nicht gefehlt, sodass wir solcher Prophezeiungen nicht bedürfen.«

In diesem Augenblick ertönte die Stimme der blauen Nachteule, die sich das erste Mal in ziemlicher Entfernung hatte vernehmen lassen, mit erneuerter Kraft. Der Vogel schien sich bedeutend genähert zu haben und von den auf der Grenze des Lagers gelegenen Bäumen auszugehen.

Don Lopez blieb stehen und erhob den Kopf, als suchte er sich, obwohl seine Gedanken anderswo weilten, mechanisch von dem Ton, der sein Ohr traf, Rechenschaft abzulegen. Aber alles versank wieder in Schweigen. Don Lopez schüttelte den Kopf und setzte seinen Gang fort.

Nachdem das junge Mädchen seinen Bewegungen mit einer Angst, deren Heftigkeit sie nicht zu verbergen wusste und die sie, wenn jemand sie beobachtete, verraten hätte, gefolgt war, atmete sie kräftig auf und nahm ihre erste Stellung, eine völlige Gleichgültigkeit zeigend, wieder ein. Aber ein aufmerksamer

Beobachter hätte leicht bemerken können, dass irgendetwas Außerordentliches in ihr vorging. Ihre Brust hob sich rasch, ihr Blick glänzte in der Dunkelheit, ihre Nasenlöcher weiteten sich. Alles dies bewies eine große innere Aufregung.

Sobald die Gambusinos ihr Abendessen beendet hatten, hüllten sie sich in ihre Decken, streckten sich vor dem Feuer aus, und von dem weiten Ritt des Tages und den Ereignissen der vorhergehenden Nacht erschöpft, waren sie bald in festen Schlaf versunken. Nur Don Lopez und das junge Mädchen, deren Unbeweglichkeit nur glauben ließ, dass sie eingeschlafen sei, wachten.

Die Nacht war ruhig und verging ohne einen bemerkenswerten Vorfall, außer, dass der Schrei der Nachteule sich noch dreimal vernehmen ließ und die Indianerin jedes Mal zu wecken schien.

Mit Anbruch des Tages bestieg Don Lopez das Grab des Schwarzen Vogels. Noch immer herrschte die tiefste Stille in der Ebene; allein in Schussweite vom Lager weideten unter den Bäumen auf dem Abhang des Hügels vier oder fünf prächtige Elentiere.

Beim Anblick dieser Tiere fühlten die Gambusinos ihre Jagdlust von Neuem erwachen und einige baten Don Lopez um die Erlaubnis, sie schießen zu dürfen. Dieser wagte nicht, ihnen die Bitte zu verweigern; allein er befahl ihnen, sich nur des Lassos zu bedienen, aus Furcht, dass die Flintenschüsse, durch das Echo wiederholt, zu den Indianern dringen könnten, welche vielleicht in der Umgegend im Hinterhalt lagen. Um die düstere Traurigkeit, die ihn erfasst hatte, von sich abzuschütteln, und die Zirkulation in seinen durch die lange Nachtwache erstarrten Gliedern wieder herzustellen, machte er sich selbst mit den Jägern auf den Weg.

In dem Augenblick, wo sie das Lager verließen, ließ sich abermals der Schrei der Nachteule vernehmen, laut und dringend wie ein Ruf.

»Das ist sonderbar«, murmelte Don Lopez stehen bleibend, »ich habe diesen Vogel noch nie am Tage gehört.«

»Oh, Kapitän, er hat uns schon diese Nacht mit seinem Geschrei ermüdet«, antwortete ein Gambusino. »Und was man auch sagen mag, ein Vogel, der neben einem Grabe singt, bringt Unglück!«

Don Lopez zuckte verächtlich die Achseln.

Sobald der letzte Ton des Gekreisches in den Lüften verhallt war, erhob Rant-chaï-waï-mé den Kopf und blickte um sich, um zu sehen, wo die Gambusinos waren. Keiner achtete auf sie. Die acht bis zehn Mexikaner, die bei den Verschanzungen geblieben waren, folgten mit Interesse den Entwicklungen der Jagd.

Das junge Mädchen benutzte diesen günstigen Augenblick und glitt auf ihren Knien mit klopfendem Herzen und zurückgehaltenem Atem allmählich bis an die entgegengesetzte äußerste Seite des Lagers, während sie jede Minute innehielt, um ihre Wächter zu beobachten. Einmal dort angekommen blieb sie einige Sekunden bewegungslos, um Atem zu schöpfen und das Schlagen ihres Herzens zu beruhigen. Dann warf das arme Mädchen einen letzten Blick um sich, sammelte alle ihre Kräfte und übersprang mit einem wunderbaren Satz, den nur der Wunsch nach Freiheit sie versuchen lassen konnte, die Verschanzung, erhob sich wieder und begann mit überraschender Schnelligkeit zu laufen, bis sie die ersten Bäume des Waldes erreichte, in dessen dichten Lianen, Brombeer- und Kaktusgebüschen sie sich gleich einer Schlange verlor.

Niemand bemerkte diese Flucht; die Jagd hatte den höchsten Grad des Interesses für die Gambusinos erreicht.

Don Lopez und seine Gefährten schritten, mit ihren Lassos versehen, schweigend auf den Platz zu, wo die Elentiere sich befanden, indem sie Sorge trugen, gegen den Wind zu gehen, um sich nicht dem feinen Geruch der intelligenten Tiere zu verraten. Diese weideten sorglos fort, bald hier, bald dort, und schienen nicht zu ahnen, dass Feinde in ihrer Nähe waren.

In einer geringen Entfernung von den Elentieren angekommen, entfernten sich die Mexikaner voneinander, um leichter mit ihrem Lasso ausholen zu können und schritten vorsichtig, ohne das geringste Geräusch vorwärts, bückten sich hinter jedem Baumstamm, aus Furcht, bemerkt zu werden, und langten so endlich zwanzig Schritte von den Tieren an, die noch immer friedlich weideten. Dort machten sie Halt, tauschten miteinander einen Blick aus, und nachdem sie sorgfältig ihren Wurf berechnet hatten, warfen sie ihre Lassos aus.

Da geschah etwas Seltsames.

Die Elenhäute fielen alle auf einmal zu Boden, um dem Schwarzen Geier und seinen Gefährten Platz zu machen, die den Schrecken der Gambusinos über diese außerordentliche Verwandlung benutzten, und ihren Jägern ohne Zeit zu verlieren ihrerseits einen Lasso um die Schultern warfen und sie zu Boden rissen.

Don Lopez und seine Leute waren Gefangene.

»He, Gefährten«, sagte Ginsterblüte lachend, »wie findet ihr dies!«

Die niedergeschmetterten Gambusinos antworteten nicht und ließen sich schweigend den Knebel anlegen. Ein Einziger nur murmelte zwischen seinen Zähnen:

»Ich war ganz sicher, dass uns diese böse Nachteule Unglück bringen würde!«

Bei diesen Worten lächelte der Schwarze Geier schlau und zwei Finger seiner linken Hand an seinen Mund legend, ahmte er mit solcher Vollkommenheit den Schrei der Nachteule nach, dass der Gambusino mechanisch seine Augen auf den Gipfel der Bäume richtete.

Kaum war der Ruf verklungen, als sich ein Geräusch knisternder Blätter vernehmen ließ und Rant-chaï-waï-mé die Büsche teilte und bebend in die Arme des Schwarzen Geiers eilte, der sie an sein Herz drückte.

»Endlich bist du mir wieder gegeben!«, rief er in unbeschreiblichem Ton.

»Für immer!«, hauchte sie, indem sie ihren reizenden Kopf an seiner Brust barg.

Don Lopez konnte einen Schrei der Wut nicht zurückhalten. Er machte eine furchtbare Anstrengung, um sich von den

Banden, die ihn fesselten, zu befreien und sich auf den Jäger zu stürzen. Aber die Leute, die ihn geknebelt hatten, wussten die Knoten gut zu schützen und der Strick war zu fest, um ihn zu zerreißen. Der Lasso drang ihm im Gegenteil so tief ins Fleisch, dass er besiegt und verzweifelt auf den Boden zurücksank.

Der Schwarze Geier schritt hierauf auf die Verschanzungen zu.

Die zur Bewachung des Lagers zurückgelassenen Gambusinos hatten mit ohnmächtiger Wut das Ereignis mit angesehen.

Der Schwarze Geier nahm sogleich von dem Lager Besitz, stellte Wachen aus und ließ seine Truppe ausruhen, da er erst am nächsten Morgen nach dem Dorf der Jowaïs aufzubrechen gedachte, deren Häuptling Rant-chaï-waï-més Vater war.

Am Abend langten dreihundert Pawnee-Krieger, die Verbündeten des Schwarzen Geiers, im Lager an. Dieser setzte sich an die Spitze einer ausgesuchten Truppe, mit welcher er kühn die Prärie durchziehen konnte, ohne eine Beleidigung fürchten zu müssen. Mit Sonnenuntergang verkündete ein Wachtposten eine Staubwolke, die wie ein Wirbelwind daher kam.

Bald unterschied man in den letzten Strahlen der Sonne die Waffen einer zahlreichen Indianertruppe, die im Galopp herangesprengt kam.

Der Schwarze Geier stellte seine Leute bei den Verschanzungen auf, um einen Angriff, der ihnen offenbar drohte, zurückschlagen zu können.

IX. Das Präriegesetz

Nach dem Verhör Pépé Naïpes hatte der Rat beschlossen, die Hilfe der Schwarzfüße, der Raben, der Omahas und der Ottoes, die verbündeten Stämme der Comanchen, deren Dörfer sich in der Umgegend befanden, zu suchen, um alle Wege einzuschließen und jede Passage abzuschneiden, und sobald diese Hilfe angelangt war, sollten Necülpangue und Nauchenanga sich an die Spitze stellen und sogleich zum Angriff des Gambusinolagers aufbrechen.

Einige Stunden später kehrten die Entsendeten zurück, begleitet von den ausgezeichnetsten Kriegern der Nation, zu denen sie gesandt worden waren und am folgenden Tage setzten sich die beiden Comanchenhäuptlinge mit Aufgang der Sonne an der Spitze von fünfhundert wohlberittenen Kriegern in Marsch, um den Hügel des Schwarzen Vogels zu erreichen. Mit Sonnenuntergang langten sie im Angesicht des Lagers an. Diese waren es, welche die Wachtposten der Jäger bemerkt hatten.

Sobald der Schwarze Geier seine Verteidigungsvorbereitungen beendet hatte, nahm er eine berittene Eskorte von zweihundert Pawnees, überließ die Bewachung des Lagers dem Castor und ritt in die Ebene hinab.

Die beiden rivalisierenden Indianertruppen stießen ein lautes Geschrei aus, als sie sich erblickten, und ihren Pferden die Zügel schießen lassend, stürzten sie wütend aufeinander los.

Sicherlich würde demjenigen, der die sonderbaren Sitten der Prärie nicht kennt, die Art der Annäherung als eine erklärte Feindseligkeit erschienen sein, dennoch war es nicht so, denn in geringer Entfernung voneinander angekommen, begannen die beiden Truppen ihre Pferde mit jener Anmut und Geschicklichkeit, welche die Indianer charakterisiert, tanzen zu lassen, dann teilten sie sich zu beiden Seiten und bildeten zwei weite Halbkreise, in deren Mitte sich die Häuptlinge befanden.

Nauchenanga löste auf einen Wink Necülpangues zum Zeichen des Friedens sein Büffelkleid; der Schwarze Geier antwortete sogleich, indem er mit ausgestrecktem Arm und geöffneter Hand allein vorritt.

Die beiden Häuptlinge vereinigten sich in dem für sie und ihre Krieger frei gelassenen Raum.

»Mein Bruder ist willkommen«, begann der Schwarze Geier, welcher sich als erster Besitznehmer ermächtigt glaubte, in diesem Teil der Prärie die Huldigungen zu machen.

»Habt Dank«, antwortete Nauchenanga. »Mein Bruder ist also jetzt ein Pawneehäuptling?«

»Nein, aber die Pawnees sind die Freunde meiner Seele und mein Herz freut sich, sobald ich bei ihnen bin«, erwiderte der Jäger.

»Die Pawnees müssen stolz sein über die Freundschaft eines so großen Kriegers, wie mein Bruder ist.«

Der Jäger verbeugte sich höflich.

»Jagt mein Bruder in diesem Augenblick den Büffel? Die Herden sind zahlreich in der Pampa.«

»Nein«, antwortete der junge Mann, »meine Jagd ist zu Ende, ich habe das Wildbret, welches ich erreichen wollte.«

»Mein Bruder ist glücklich.«

»Befindet sich mein Bruder, der große Comanchenhäuptling auf dem Kriegspfad, dass er eine so bedeutende Anzahl Krieger mit sich führt?«

»Ja«, entgegnete Nauchenanga, »ich will das Kopfhaar meines Feindes nehmen.«

»Wakonda wird ihm den Sieg verleihen, mein Bruder ist ein geschickter Häuptling.«

Der Indianer verneigte sich gleichfalls.

Die beiden Sprecher blickten sich einen Augenblick prüfend an.

»Wenn mein Bruder, bevor er seine Reise fortsetzt, an einem Bisonrücken teilnehmen will, wird es mich freuen, ihm denselben anbieten zu können«, bemerkte der Jäger.

»Ich danke, meine Reise ist beendet, hier mache ich Halt.«

»Hier? Was will mein Bruder damit sagen? Und welchem Feinde beabsichtigt er das Kopfhaar zu rauben?«

»Erinnert sich mein Bruder nicht?«, antwortete lebhaft der Comanche, »Ist nicht mein Feind auch der seinige? «

»Wenn mein Bruder von dem Manne sprechen will, den die Bleichgesichter Don Lopez nennen, so ist dieser Mann in meiner Gewalt.«

»Oh, mein Bruder hat sich wirklich des Häuptlings der Bleichgesichter bemächtigt?«, meinte Nauchenanga, indem er kaum die Leidenschaft, die in seinem Herzen grollte, zu unterdrücken vermochte.

»Er ist mit allen seinen Leuten gefangen, dort in seinem Lager«, antwortete der junge Mann, indem er auf den Gipfel des Hügels wies.

»Und«, versetzte Nauchenanga mit bebender Stimme und einer gewissen Aufregung, »der Walkon der glücklichen Prärien …«

»Der Walkon ist bei mir. Soll nicht ein Weib ihrem Manne überallhin folgen?«, erwiderte der Schwarze Geier mit einem Lächeln, so scharf wie eine Stahlklinge.

»Du lügst, Hund!«, schrie Nauchenanga wütend, indem er seinen Tomahawk über den Kopf des Jägers schwang. »Die Fliegende Taube mag nicht das Weib eines feigen Bleichgesichts sein.«

Bei dieser Beleidigung machte der Schwarze Geier eine Wendung mit seinem Pferde und sein Gewehr ergreifend, legte er auf den Comanchen an.

Eine furchtbare Verwirrung entstand unter den beiden Truppen, als Necülpangue, welcher bis zu diesem Augenblick der Unterhaltung, ohne sich einzumischen, beigewohnt, sich zwischen die beiden Nebenbuhler warf und den Streit mit jener Autorität unterbrach, die ihm sein Alter und sein Ruf verliehen.

»Mein Comanchenbruder stecke seinen Tomahawk in seinen Gürtel«, sagte er. »Männer schlagen sich nicht um die Liebe eines Weibes, sobald ernstere Interessen sie in Anspruch nehmen! Lasst uns unsern Mut für den Kampf gegen die Bleichgesichter bewahren, die unsere Jagdgebiete rauben; das Beil soll zwischen den Kindern der Prärien vergraben werden. Mein Bruder, der Jäger, ist jung, aber er ist ein großer Häuptling am Beratungsfeuer; er kehre zu den Seinigen zurück, mein Stamm wird hier lagern, meine Söhne werden die Zelte aufschlagen. Morgen sollen sich die Häuptlinge versammeln, um über die diebischen Bleichgesichter, deren sich mein Bruder bemächtigt hat, zu beraten. Er wird der Sitzung beiwohnen, und Wakonda wird uns erleuchten, damit uns allen Gerechtigkeit widerfahre und die Interessen meines Bruders und diejenigen meines Sohnes geschützt werden.«

»Mein Vater hat weise gesprochen«, bemerkte Nauchenanga.

»Ich werde der Beratung beiwohnen«, erwiderte der Jäger stolz, »nicht weil ich zugebe, dass jemand das Recht habe, über meine Gefangenen zu bestimmen, sondern weil ich ein Freund der Gerechtigkeit bin, der niemals die Gesetze der Prärie übertreten wird.«

Nachdem er diese Worte ausgesprochen hatte, kehrte der junge Mann an der Spitze seiner Truppe in sein Lager zurück.

Lange blickte ihm Necülpangue mit einer Bewegung nach, von der er sich keine Rechenschaft ablegen konnte; die Stimme des Jägers vibrierte in seinem Herzen und verursachte ihm ein unbeschreibliches Entzücken. Endlich, als die Pawnees hinter den Bäumen des Hügels verschwunden waren, schüttelte der alte Häuptling mehrmals den Kopf, als suchte er einen wichtigen Gedanken zu verscheuchen, und die indianische Ruhe wieder annehmend, beschäftigte er sich tätig mit den Vorbereitungen für die am nächsten Morgen stattfindende Zeremonie.

Mit Anbruch des Tages kam ein Comanche vonseiten der Häuptlinge seiner Nation, um den Schwarzen Geier zu benachrichtigen, dass man seine Anwesenheit erwarte, um die Beratung zu eröffnen.

Der Jäger ließ sogleich seine weißen Gefährten aufsitzen, und von hundert Pawnees gefolgt, die ihm als Eskorte dienten und den entwaffneten Lopez in ihrer Mitte führten, begab er sich in die Ebene. Rant-chaï-waï-mé in ihren schönsten Kleidern und von Glück strahlend, ritt neben ihm.

In wenigen Stunden hatten die Comanchen ein wirkliches Dorf mit seinen Zelten von Büffelhaut, die Straßen und Plätze bildeten, errichtet.

Am Eingange des Dorfes standen Necülpangue und alle verbündeten Häuptlinge in Begleitung des Zauberers und erwarteten die Ankunft des Schwarzen Geiers.

Sobald dieser erschien, trat ihm der Wahrsager einige Schritte entgegen. Zwei Kinder gingen ihm voran, die aus allen Kräften auf einer Muschel bliesen, während hinter ihm vier Männer eine lange Rute trugen, die von ihrer Rinde entblößt war, und auf deren Spitze eine menschliche Kopfhaut schwankte.

Zwei zehnjährige Kinder führten eine Assatha und ein drittes trug einen Spaten. Hinter ihnen kam, von vier Kriegern überwacht, der arme Pépé Naïpes, der mehr tot als lebendig, scheue Blicke um sich warf.

Sobald der Zauberer etwa zehn Schritte von dem Jäger angekommen war, machte er Halt und winkte der Musik Schweigen.

Necülpangue und der Schwarze Geier gingen einander entgegen, während sie als Zeichen des Friedens ein ausgebreitetes Büffelfell in der Hand hielten.

»Gnatechü, der alles sieht und die Herzen ergründet, höre unsere Worte«, sagten beide, »Friedens- und Freundschaftsgefühl sind es, die uns vereinigen.«

Darauf ergriff der Zauberer den Spaten und grub zwischen den beiden Häuptlingen ein Loch von vier Fuß Tiefe. Sobald diese Arbeit beendet war, sagte er:

»Wakonda hört euch; Unglück demjenigen, der seinen Bruder täuschen wird! Eure Worte sollen eingegraben werden.«

Necülpangue, Nauchenanga und der Schwarze Geier stellten sich an die drei Seiten der Grube und sich verneigend, reichten sie einander über derselben die Hand und begannen die bei ähnlichen Gelegenheiten gebräuchlichen Reden. Jeder beteuerte die guten Absichten, die ihn leiteten, und die Offenheit und Herzlichkeit, die er zur Beratung mitbringe.

Sobald die Reden beendet waren, ging der Zauberer dreimal um die Grube und wiederholte mit leiser, monotoner Stimme magische Worte, dann schnitt er der Assatha die Kehle durch und fing deren Blut in einem so dicht geflochtenen Körbchen auf, dass kein Tropfen verloren ging, worauf er sie in Viertel zerschnitten in die Grube legte. Der Zauberer pflanzte die Rute darauf, nachdem er sie mit dem Blut des Opfers mit unendlichen hieroglyphischen Zeichen bemalt hatte, welche die bösen Einflüsse fernhalten und verhindern sollten, dass die eingegrabenen Worte die Grube verließen und von Jurupari, dem bösen Geist, ergriffen, würden.

»Brüder und mächtige Männer«, begann der Wahrsager mit lauter Stimme. »Alle Gebräuche sind erfüllt, Gnatechü hat sie mit wohlgefälligem Auge angesehen. Ihr dürft Euch ohne Furcht um das Beratungsfeuer setzen, während das Bleichgesicht«, er zeigte auf Pépé Naïpes, der an allen Gliedern zitterte, »an den Pfahl, gebunden wird, damit seine feige Seele nach seinem Tod dem Wakonda berichte, wie wir ihn zu ehren wissen.«

»Einen Augenblick!«, sagte der Schwarze Geier. »Ich werde der Beratung der Häuptlinge nicht beiwohnen, wenn meine Gegenwart der Vorwand zu einem Mord sein soll. Wir haben soeben Worte des Friedens gesprochen, die ihre Wirkung haben sollen. Ich fordere daher, dass dieser Mann augenblicklich freigegeben wird, oder ich entferne mich.«

Bei diesen kühnen, klar und deutlich ausgesprochenen Worten waren die Indianer einen Augenblick bestürzt.

»Dieser Mann ist dem Jurupari ergeben«, sprach der Zauberer zögernd, denn er fühlte, dass er durch die Häuptlinge nicht unterstützt wurde.

»Der Elende ist eures Zornes nicht würdig, seht, er weint wie ein Weib«, begann der Schwarze Geier wieder. »Verachtet ihn, wie er es verdient hat, und jagt ihn fort. Die Krieger bekämpfen Männer, martern aber keine Kinder.«

Ein Murmeln der Zustimmung begrüßte diesen Vorschlag und der Zauberer ergriff die Initiative, bevor die Indianer ihn zwangen, auf die Bestrafung des Ranchero zu verzichten. Er machte ihn selbst los und sagte:

»Euer Wille geschehe; dieser Mann ist frei.«

Der arme Teufel, der seit dem vorigen Abend gleichsam nur noch künstlich lebte, wankte einen Augenblick wie ein Trunkener und fiel dann ohnmächtig in der Mitte der Jäger zu Boden.

»Jetzt, Häuptlinge, danke ich Euch«, sprach der Schwarze

Geier, »denn ich sehe, dass Euch wirklich Gefühle des Friedens beleben. Ich bin bereit, Euch zu folgen.«

Die Häuptlinge verneigten sich höflich, während der Zauberer, dessen Rolle beendet war, sich zurückzog und in der Menge der Krieger verlor.

Necülpangue nahm den Arm des Schwarzen Geiers und führte ihn zu dem Beratungsfeuer, wo geschnitzte Schemel aus Feigenbaumholz im Kreise für die Häuptlinge standen. Jeder nahm Platz und die Friedenspfeife wurde mit den bei ähnlichen Gelegenheiten gebräuchlichen Zeremonien herbeigebracht.

Der Kopf der Pfeife war aus einem dem Porphyr ähnlichen Stein, das Rohr mit Büscheln von rot gefärbtem Pferdehaar geschmückt.

Der Pfeifenträger trat in den Kreis, zündete die Pfeife an, wendete sie gegen die Sonne, dann gegen die verschiedenen Himmelsgegenden und reichte sie dann Necülpangue. Dieser tat einige Züge, worauf er, den Pfeifenkopf in seiner Hand behaltend, das andere Ende dem Schwarzen Geier und dann jedem im Kreise reichte.

Nachdem alle geraucht hatten, gab Necülpangue die Pfeife dem Überbringer zurück und wandte sich an den Jäger mit den Worten:

»Mein Bruder rede, wir hören.«

»Es kommt mir nicht zu, zu sprechen«, versetzte der Schwarze Geier, »sondern meinem Bruder, dem großen Tokki der Comanchen. Ich erwarte die Frage, die er in Betreff meiner Gefangenen an mich zu richten wünscht.«

»Gut«, erwiderte Necülpangue, »ich werde mich also erklären. Das Schicksal der weißen Gefangenen geht mich wenig an, aber ich reklamiere bei ihrem Häuptling das Präriegesetz; Auge um Auge, Zahn um Zahn.«

»Ich kann auf das Verlangen meines Bruders nicht eingehen«, antwortete einfach der Jäger, »denn ich habe meinen Gefangenen versprochen, ihr Leben zu schützen. Überdies wolle mein Bruder bedenken, dass, um dem Präriegesetz unterworfen zu sein, man an einem Verwandten oder Freunde desjenigen, der die Ausführung des Gesetzes verlangt, einen Mord begangen haben muss, und ich wüsste nicht, dass der weiße Häuptling, der den Tokki der Comanchen nicht kennt, sich mit einem Mord von irgendeinem der Seinigen beschmutzt hätte.«

»Was weißt du darüber, junger Mann?«, rief Necülpangue, indem er sich von seinem Sitz erhob. »Hört Ihr, Sachems meiner Nation, Ihr müsst mich endlich kennenlernen. Es fließt kein indianisches Blut in meinen Adern. Verzweiflung allein war es, die mich zu euch flüchten und um Aufnahme bitten ließ, die Ihr mir so edelmütig gewährtet und deren ich mich würdig gemacht zu haben glaube. Vor jener Zeit war ich reich und glücklich; ich hatte einen Bruder, den ich liebte, ein Weib und ein Kind, welche mir teuer waren. Der Elende, der vor Euch steht, hat meinen Ruin verursacht und mich für immer meines Glücks beraubt. Ich verlange noch einmal, dass das Präriegesetz an ihm vollzogen werde.«

Sämtliche Mitglieder der Versammlung waren bestürzt. Von konvulsivischen Zuckungen bewegt, leichenblassen Angesichts und durch Gewissensbisse entstellt, blickte Don Lopez in wahnsinnigem Entsetzen um sich.

Necülpangue fuhr mit bebender Stimme fort, indem er mit furchtbarer Gebärde auf ihn wies:

»Häuptlinge und indianische Krieger, meine Brüder, diesen Mann leitete weder Hass noch Habsucht, diese Verbrechen zu begehen; sein einziger Zweck war, meine Witwe zu heiraten. Möge er mich Lügen strafen, wenn er es wagt. Ich klage ihn vor euch als den Mörder meines Bruders, Don Estevan de la Fuente an, der Niederbrennung meines Hauses und demzufolge des Todes meines Weibes und meines viel geliebten Sohnes, denn ich bin Don Gutierrez de la Fuente. Erkennst du mich wieder, Don Lopez?«

»Ja, ja, er ist es!«, rief der Mexikaner bestürzt.

»Keine Gnade«, fuhr Necülpangue fort, »Auge um Auge, Zahn um Zahn.«

Ein düsteres Schweigen herrschte in der Versammlung. Der

Schwarze Geier neigte entmutigt das Haupt und verzichtete wider Willen darauf, seinen Gefangenen länger zu verteidigen.

Plötzlich stellte sich Rant-chaï-waï-mé, welche an der Seite des Jägers dieser seltsamen Szene beigewohnt hatte, vor Don Lopez und reichte ihm einen Dolch, indem sie mit bewegter Stimme sprach:

»Ich verzeihe dir, weißer Mann, was du mir getan hast. Stirb wie ein ehrlicher Mann! Deine Opfer rufen nach dir. Wakonda wird dir vielleicht verzeihen, wenn deine Reue aufrichtig ist.«

Don Lopez blickte das junge Mädchen einen Augenblick mit unbeschreiblichem Ausdruck an. Zwei Tränen rollten aus seinen fieberhaft glühenden Augen und er antwortete, indem er den Dolch nahm:

»Hab Dank, Rant-chaï-waï-mé, du bist ein edles Weib; sei gesegnet für die guten Worte, die du eben zu mir gesprochen hast. Du allein hast Mitleid mit mir gehabt, ich werde zu sterben wissen. Und du, Don Gutierrez«, setzte er hinzu, indem er sich an Necülpangue wandte, »sei glücklich, du bist gerächt!«

Und mit einer gedankenschnellen Bewegung stieß er sich den Dolch ins Herz.

»Glücklich!«, murmelte Necülpangue mit vor Schmerz gebrochener Stimme. »Es gibt kein Glück mehr für mich.«

In diesem Augenblicke öffnete der Castor das Hemd des Schwarzen Geiers und auf die Reliquie zeigend, die an dessen Halse hing, sagte er:

»Ihr lästert Gott, Don Gutierrez, es bleibt Euch ein Sohn.«

Bei diesem Anblick vermochte sich der Häuptling trotz aller Anstrengung, nicht zu halten; er zitterte an allen Gliedern, seine Züge waren entstellt und zwei Tränen, die ersten, die er seit dem Tode seines Weibes vergossen hatte, blitzten in seinen Augen und rannen langsam über seine gebräunten Wangen. Er wankte und würde zu Boden gefallen sein, wenn ihn der Jäger nicht gehalten hätte.

»Mein Sohn! Mein Sohn!«, rief er schluchzend.

Der junge Mann presste ihn lange in leidenschaftlicher Umarmung an sein Herz.

Beglückt durch das Glück ihres verehrten Häuptlings, vergaßen die Comanchen ihre indianische Unempfindlichkeit und brachen in lebhafte Freude aus.

Nauchenanga ergriff darauf die Hand Rant-chaï-waï-més und sich vor dem Jäger verneigend, sagte er:

»Du wirst einer der großen Häuptlinge unserer Nation werden, mein Bruder; siehe, hier ist dein Weib, sie ist von nun an meine Schwester.«

Die beiden Männer drückten einander treu und ehrlich die Hand.

»Einerlei«, sagte Pépé Naïpes, der seine übermütige Heiterkeit wiedergewonnen hatte und sich unter den Rothäuten brüstete, »man muss gestehen, dass, wenn dieser arme Don Lopez auch ein böses Leben geführt, er dennoch einen schönen Tod gehabt hat!«

Und er gab dem Körper seines alten Anführers einen Fußtritt.

Eine Nacht in Mexiko

Erinnerungen aus der letzten Revolution

Wenige Städte bieten einen zauberhafteren Anblick dar als Mexiko[1]. Weich und üppig dehnt sich die alte Hauptstadt der Azteken wie eine nachlässige Kreolin aus, halb verschleiert durch die dichten, hoch aufgeschossenen Weiden, die in der Ferne die Kanäle und Wege begrenzen. In gleicher Entfernung von zwei Ozeanen, ungefähr 2280 Meter über dem Meeresspiegel, das heißt beinahe in gleicher Höhe des Hospizes vom Sankt Bernhard erbaut, erfreut sich diese Stadt dennoch eines wundervoll gemäßigten Klimas zwischen zwei Bergen, dem Popocatépetl – rauchender Berg – und dem Iztaccíhuatl – die weiße Frau –, deren eisige, mit ewigem Schnee bedeckten Gipfel sich in den Wolken verlieren.

Der Fremde, welcher bei Sonnenuntergang nach Mexiko durch die östliche Chaussee kommt, einem der vier großen Wege, die nach der Hauptstadt der Azteken führen, und der heute allein inmitten der Wasser des Sees Tezcuco, auf welchem er erbaut ist, übrig geblieben, empfindet bei dem Anblick dieser Stadt eine seltsame Bewegung, von der er sich keine Rechenschaft zu geben vermag.

Die maurische Bauart der Gebäude, die mit hellen Farben gestrichenen Häuser, die unzähligen Kuppeln der Kirchen und Klöster, welche die Azoteas[2] überragen und gleichsam die Hauptstadt mit ihren großen gelben, blauen oder roten, durch die letzten Strahlen der untergehenden Sonne vergoldeten Schirmen vollkommen bedecken, die warme, duftige Brise

[1] Heute: Mexiko-Stadt

[2] Azotea: Dachterrasse

des Abends, die spielend durch die dichten Zweige der Bäume säuselt - alles trägt dazu bei, Mexiko ein vollständig orientalisches Aussehen zu verleihen, welches Bewunderung erregt und berauscht.

Durch Hernando Cortez vollständig niedergebrannt, wurde Mexiko durch jenen Eroberer nach dem ursprünglichen Plan wieder erbaut. Alle Straßen durchschneiden sich rechtwinklig und münden auf der Plaza Mayor durch fünf Hauptwege, nämlich die Straßen Tacuba, Monterilla, Santo Domingo, Moneda und San Francisco.

Alle spanischen Städte der neuen Welt haben, da sie sämtlich nach ein und demselben Plan erbaut sind, das Gemeinsame unter sich, dass die Plaza Mayor bei allen auf dieselbe Weise konstruiert ist. So befinden sich denn auch in Mexiko auf der einen Seite die Kathedrale und das Sagrario[1], auf der zweiten der Palast des Präsidenten, welcher die vier Ministerien, Kasernen, ein Gefängnis usw. umschließt; auf der dritten Seite steht das Rathaus, und auf der vierten befinden sich zwei Basare, als da sind der jetzt zerstörte Parian und das Portal de las Flores.

Am 24. Dezember 1861 gegen neun Uhr abends hatte sich nach einer glühenden Hitze am Tag, welche die Bewohner gezwungen, sich in ihre Häuser zurückzuziehen, die Brise erhoben und die Luft abgekühlt, und jeder eilte auf die mit Blumen bedeckten Azoteas, schwebenden Gärten ähnlich, um sich des heiteren Himmels der amerikanischen Nächte zu erfreuen, die gleichsam aus seinem tiefblauen Grund Sterne zu regnen scheinen. Straßen und Plätze waren mit Spaziergängern bedeckt; überall war ein undurchdringliches Gewirr von Fußgängern, Reitern, Männern, Weibern, Indianern und Indianerinnen, deren Lumpen, Seide und Gold sich auf die seltsamste Weise mit dem Geschrei und Gelächter vermischten. Wahrlich, Mexiko schien mit dem ersten Schlag der Abendglocke, wie eine verzauberte Stadt aus Tausendundeiner Nacht, plötzlich aus

[1] Sagrario: eigentlich Tabernakel (Aufbewahrungsort für Hostien in der katholischen Kirche); hier: ein auch als Pfarrei genutztes Gebäude rechter Hand der Kathedrale, das sog. *Sagrario Metropolitano*

einem hundertjährigen Schlaf erwacht zu sein, so freudige Gesichter bemerkte man überall und so glücklich schien die Menge, nun endlich die Luft in vollen Zügen einatmen zu können.

Und dennoch sollte in dieser Nacht ein ernstes Ereignis in Mexiko stattfinden. Der General Miramón, interimistischer Präsident der Republik, der in der letzten Schlacht, die er den Parteigängern Juarez' geliefert hatte, von dem größten Teil seiner Truppen verlassen worden war, sollte das Kommando der Hauptstadt dem General Berriozábal, den er einige Tage vorher zum Gefangenen gemacht hatte, übergeben und mit den wenigen ihm treu gebliebenen Soldaten die Finsternis benutzen, um die Stadt zu verlassen, welche die Armee des Generals Ortega, dem befehlshabenden Chef der Truppen Juarez', mit Anbruch des Tages im Namen des neuen Präsidenten besetzen würde.

Seit den vierzig Jahren, wo die Mexikaner ihre Unabhängigkeit proklamierten, haben sie so oft dem schrecklichen Revolutionsspiel zugeschaut, dem Falle so vieler Gewalten beigewohnt und so verschiedene Regierungen sich folgen sehen, dass ihre Neugierde endlich erloschen, ihr Geschmack blasiert ist und sie heutigen Tags ruhig und gleichgültig jenen großen sozialen Bewegungen zuschauen; denn leider wissen sie nur zu wohl im Voraus, dass, welches auch immer die sie beherrschende Macht sei, für sie dennoch nichts geändert ist, und der einzige Wechsel, den sie zu erwarten haben, nur verdoppelte Erpressungen aller Art und eine Erhöhung der Abgaben für sie sein wird.

Während sich die Vollendung des großen Dramas, von dem wir soeben gesprochen haben, vorbereitete, lachte, sang und wogte die Menge in den Straßen und auf den Plätzen, ohne sich um die politischen Ereignisse zu kümmern.

Zuweilen jedoch ließen sich unheimlicher Lärm und Waffengeklirr vernehmen; Reiter sprengten im Galopp durch die Stadt, Männer mit düsterem Blick bahnten sich einen Weg durch die Gruppen, und früher als gewöhnlich wurden die Läden geschlossen, indessen die kleineren Kaufleute sich beeilten, ihre elenden Häuser in den unteren Stadtvierteln zu erreichen.

Bei der ersten Nachricht von dem durch den Interims-Präsidenten gefassten Entschluss, die Stadt zu verlassen, hatte sich das diplomatische Corps vereinigt und dem provisorisch zum Gouverneur ernannten General Berriozábal seine Mitwirkung angeboten, um ihn bei der Überwachung Mexikos zu unterstützen und die Banditen daran zu hindern, die Stadt zu plündern und Feuer zu legen, wie es nach einem verbreiteten Gerücht ihre Absicht war.

Der General Berriozábal hatte eifrig das Anerbieten des diplomatischen Corps angenommen, worauf sich die Fremden jeder Legation[1] bewaffneten und unter Befehl verschiedener Mitglieder derselben ihren Polizeidienst begannen, indem sie die Stadt durcheilten, die Bürger aufforderten, nach Hause zurückzukehren, und Sicherheitsposten auf den Plätzen und an den Straßenecken aufstellten.

Die Plaza Mayor war in wenigen Augenblicken geräumt und da, wo kurz vorher der Jubel einer müßigen Menge erscholl, herrschten jetzt vollständige Stille und ein düsteres Schweigen.

Es schlug halb zehn Uhr vom Sagrario, und kaum war der letzte Schall verhallt, als ein Mann, sorgfältig in die Falten eines dichten Mantels gehüllt und den Kopf mit einem breitrandigen Vigognehut[2] bedeckt, der tief in die Augen gedrückt sein Gesicht vollständig unkenntlich machte, den Schatten eines Portals verließ, in welchem er bis dahin unsichtbar geblieben war, und nachdem er forschend auf dem Platz umhergeschaut, schritt er vorsichtig, wenn auch ziemlich entschlossen auf den Laden eines öffentlichen Schriftstellers zu, der beinahe in der Mitte von den Galerien der Portale lag. Vor dem Laden angekommen, blieb der Unbekannte stehen, blickte von Neuem forschend um sich, und nachdem er einen Augenblick gezögert hatte, klopfte er zweimal leise an die Tür. Offenbar war er erwartet worden, denn ohne dass die Stille durch das geringste Geräusch unterbrochen wurde, öffnete sich die Tür gerade so

[1] Abordnung, Gesandtschaft.

[2] Ein aus einem Gemisch aus Baum- und Schafswolle hergestellter Hut.

weit, um den Unbekannten einzulassen, und schloss sich sogleich wieder hinter ihm.

In dem Laden herrschte die tiefste Finsternis, dennoch trat der Unbekannte ohne Zögern ein und durchschritt denselben in seiner ganzen Länge. An der entgegengesetzten Wand angekommen, tastete er einen Augenblick und drückte dann auf eine im Holzgetäfel verborgene Feder.

Ein Teil der Täfelung löste sich, drehte sich in unsichtbaren Angeln und bei dem zitternden Schein einer verlöschenden Lampe, die im Innern des Gewölbes hing, erblickte man die ersten Stufen einer Wendeltreppe, die in den Boden zu dringen schien.

Bevor er in das Gewölbe trat, drehte sich der Unbekannte um.

»Kommst du?«, fragte er einen Mann, wahrscheinlich den, welcher ihm vorher die Tür des Ladens geöffnet hatte und der sich einige Schritte von ihm halb versteckt im Schatten hielt.

»Sie werden mich hier wiederfinden«, antwortete er. »Sie bedürfen meiner nicht mehr.«

»Gut«, versetzte der Unbekannte, »so bleib und wache.«

Der andere antwortete nur durch ein bedeutsames Gemurmel, indem er die Füllung, welche die Tür verbarg, wieder an ihren Platz schob, und der Unbekannte blieb allein.

Wir haben weiter oben berichtet, dass Mexiko, dieses amerikanische Venedig, mitten in einem See erbaut ist. Seine Stadtviertel erheben sich auf Inseln, die in geringer Entfernung voneinander liegen und durch Grundpfähle verbunden sind. Nach und nach hat sich das Niveau des Sees gesenkt, die Kanäle sind größtenteils ausgetrocknet und außer in den unteren Stadtvierteln, wo sich noch kotige und stinkende Pfützen finden, ist das Wasser vollständig vom Boden verschwunden. Auf den jetzt gepflasterten Straßen begegnet man Equipagen, Reitern und Fußgängern.

Indessen darf man die Erde nicht zu tief aufgraben, um wieder Wasser zu finden, so verborgen dasselbe auch ist. Die Feuchtigkeit in der Stadt ist noch heute so groß, dass die unteren Stockwerke der Häuser unbewohnt sind. Sie dienen nur als Lagerräume und ersetzen unsere Keller, außer im Zentrum der Stadt, wo auf den Inseln Gebäude von ziemlich beträchtlicher Ausdehnung errichtet worden sind.

Die Plaza Mayor, auf deren einer Seite sich vor langer Zeit der Palast des Motecuhzoma und der große Teocali erhoben, bildet den Mittelpunkt der größten Insel der Gruppe.

Unterirdische Gänge aus den Zeiten der Inkas, welche diese lange vor der Eroberung errichtet hatten, um geheime Verbindungen von einem Punkt zum andern zu schaffen, existieren noch heute in diesem Teil der Stadt. Die meisten davon sind von den Spaniern zugeschüttet worden, aber einige entgingen dennoch ihren Nachforschungen. Der Gang, auf welchen die Treppe mündete, auf deren erster Stufe wir den Unbekannten verlassen haben, gehörte dazu.

Nachdem sich das Getäfel hinter ihm geschlossen hatte, nahm der Unbekannte die Lampe von der Wölbung, fachte den Docht zu lebhafterer Flamme an und begann vorsichtig die grünliche und durch die Feuchtigkeit glitschig gewordene steinerne Wendeltreppe, auf deren oberster Stufe er sich befand, hinabzusteigen.

Dies dauerte nicht lange, denn die Treppe bestand nur aus fünfzehn Stufen. Sie mündete auf einen schmalen Gang, der jedoch hoch genug war, dass ein Mensch aufrecht und ohne fürchten zu müssen, sich den Kopf gegen die Decke zu stoßen, darin gehen konnte.

Es war unmöglich, die Ausdehnung dieses Untergeschosses zu beurteilen, welches in geringer Entfernung eine plötzliche Wendung machte. Der Unbekannte musste dasselbe schon mehrmals passiert haben, denn sobald er die Treppe hinuntergestiegen war, ging er entschlossen vorwärts, während er die Vorsicht gebrauchte, die Lampe etwas hoch zu halten, um sich leichter zurechtzufinden. Eine sehr notwendige Vorsicht, da sich von Zeit zu Zeit zu beiden Seiten Galerien öffneten, die in verschiedenen entgegengesetzten Richtungen auszulaufen schienen und welche bei einer nicht ganz genauen Bekanntschaft mit der Örtlichkeit verhindert haben würden, sich mit Sicherheit durch dieses Labyrinth zu finden.

Der Unbekannte schritt ungefähr zwanzig Minuten in dem unterirdischen Gang vorwärts. Da er ununterbrochen rasch und sicher ging, so musste er, trotz der zahlreichen Windungen, eine ziemlich bedeutende Strecke zurückgelegt haben, bis er endlich vor einer Treppe stehen blieb, deren Stufen, anstatt hinab, gegen die Wölbung, in welche sie eingehauen war, empor führte.

»Endlich!«, murmelte der Unbekannte mit einem Seufzer der Befriedigung.

Nachdem er von Neuem den Docht seiner Lampe angefacht hatte, stellte er sie auf den Boden in einen Winkel der ersten Stufe, verweilte einen Augenblick, als wolle er Atem schöpfen, dann stieg er die Treppe hinauf.

Wie die erste Treppe hatte auch diese fünfzehn Stufen. Oben befand sich eine geschlossene Tür, auf deren geschickt verborgene Feder der Unbekannte rasch drückte, worauf sich die Tür sogleich öffnete.

Ein Lichtmeer überflutete den Treppenabsatz, auf welchem der Unbekannte noch immer, tief in seinen Mantel gehüllt, stand. Er trat ein und schloss die Tür hinter sich. Der Ort, wo er sich befand, war ein Salon oder vielmehr ein reich möbliertes, vollkommen leeres Boudoir, aber durch die nur durch eine Portiere[1] von weißem Kaschmir geschlossene Tür unterschied man das Geräusch einer ziemlich belebten Unterhaltung zwischen mehreren Personen.

Nach einigen Augenblicken düsteren Nachdenkens erstickte der Unbekannte einen Seufzer, drückte die rechte Hand auf sein Herz, um das Schlagen desselben zu besänftigen, näherte sich dann vorsichtig der Tür, hob die Portiere leicht in die Höhe und blickte hinein.

In einem weiten Saal, wie zu einer Festlichkeit prächtig erleuchtet, waren dreißig bis vierzig Personen beiderlei Ge-

[1] Türvorhang.

schlechts versammelt. Die einen saßen, andere standen in Gruppen hier und dort umher, aber alle sprachen lebhaft, einige sogar mit unterdrücktem Zorn.

An dem fürstlichen Luxus der Möblierung dieses Saales und an der Eleganz der dort versammelten Personen konnte man leicht eines der reichsten Hotels der Stadt und die Elite der mexikanischen Gesellschaft erkennen.

In dem Augenblick, wo der Unbekannte sein Auge an die Portiere drückte, trat ein Mann von einigen fünfzig Jahren, mit harten und hochmütigen Zügen aus einer der Gruppen, und nachdem er durch einen Wink Ruhe geboten, sagte er mit lauter Stimme:

»Caballeros, meine Freunde und Verwandten, ich bitte euch, fasst einen Entschluss, bedenkt, dass zehn Uhr vorüber ist und in höchstens drei Stunden die Truppen Ortegas in die Stadt einziehen werden. Entschließt euch also, es bleiben uns kaum noch drei Stunden.«

Die Anwesenden beantworteten diese Aufforderung größtenteils durch Zeichen der Zustimmung, indessen herrschte keine Einstimmigkeit. Einige protestierten, wenn auch nur schwach.

Der Alte begann wieder mit einer gewissen Lebhaftigkeit in seiner Stimme, so als suchte er einen heftigen Zorn, der hervorzubrechen drohte, zu unterdrücken:

»Ich wiederhole es Ihnen, Señores, die Lage ist ernst, jedes Zaudern ist jetzt unmöglich mit einem Worte, wir müssen die Sitzung aufheben. Ich habe Sie hier in meinem Hause versammelt, damit Sie Zeugen des Aktes würden, der in wenigen Augenblicken vollzogen werden wird.«

»Wäre es nicht vor allem notwendig«, wagte eine Dame von mittleren Jahren zu bemerken, »unsere Verwandte, Doña Carmen, um Rat zu fragen? Diese Sache geht sie vor allem an, dünkt mich. Und sobald es sich darum handelt, seine Einwilligung zu einer Vermählung mit einem Mann zu geben, den man nicht kennt, ist der Fall ernst genug, um darüber nachzudenken.«

»Wozu das?«, antwortete der Greis, verächtlich die Achsel zuckend. »Doña Carmen ist ein Kind von kaum sechszehn Jahren und fern von der Welt erzogen. Sie kennt die Pflichten nicht, die sie uns auferlegt. Ihre Einwilligung hat also keinen Wert für uns.«

»Indes …«, bemerkte einer der Eingeladenen.

»Nun denn«, fiel ihm der Greis ins Wort, »seit dem Tod meines Bruders und meiner Schwägerin bin ich rechtmäßig zum Vormund meiner Nichte ernannt worden, die, wie ich glaube, damals dreizehn oder vierzehn Jahre alt war. Ich habe als Mann von Ehre die Pflichten erfüllt, welche mir der Titel, den ich angenommen hatte, auferlegte.«

»Das erkennen wir an«, riefen die Anwesenden.

»Ich weiß sehr wohl, dass Sie mir einwenden werden, Señores«, fuhr der Greis fort, »dass Don Eusebio de Carvajal, mein betrauerter Bruder, Pläne hatte, eine Vereinigung zwischen seiner Tochter und einem Franzosen, einem entfernten Verwandten seiner Frau, herbeizuführen, und dass dieser Franzose heute behauptet, das sehr Ungewisse Recht geltend zu machen, welches ihm nach seiner Ansicht dieses mündliche Versprechen verleiht. Aber ich bitte Sie, bedenken wir, dass Doña Carmen de Carvajal, meine Nichte, eine der reichsten Erbinnen der Republik ist, ihre Güter sind unermesslich. Sollten wir da so ohne Weiteres dieses fürstliche Vermögen in die Hände eines elenden, französischen Abenteurers ohne Hab und Gut übergehen lassen?«

»Ah, Señor Don Torribio de Carvajal«, unterbrach ihn einer der Anwesenden mit sardonischem Lächeln: »Sie haben nicht immer diese Meinung über den Colonel Don Octavio de Belval gehabt, nämlich als er an der Spitze seiner gefürchteten Cuadrilla[1] Sie von den Guerilleros des Generals Ortega befreite, die von nichts Geringerem sprachen, als Sie in Stücke zu hauen. Damals erhoben Sie den Mut und die ausgezeichneten Eigenschaften des Colonels bis in die Wolken. Ist er nicht einer

[1] Bande, Truppe.

der ergebensten Freunde des Generals Miramón und war er es nicht, der den heutigen Gouverneur der Stadt, den General Berriozábal, zum Gefangenen gemacht hat? Was finden Sie also so Abenteuerliches darin? Vielleicht weil er in Frankreich geboren ist? Aber Ihre Schwester, die Mutter unserer Verwandten Doña Carmen, war auch Französin. Ihre Tugenden und ihre ausgezeichneten Herzenseigenschaften sind, denke ich, von niemandem geleugnet worden?«

Bei dieser nachdrücklichen Erwiderung blieb Don Torribio eine Weile verwirrt, ballte die Fäuste und biss sich auf die Lippen, um nicht hervorzubrechen, umso mehr, als die Bemerkungen des Unterbrechers mit dem augenscheinlichen Zeichen lebhafter Sympathie vernommen worden waren.

»Wohlan«, erwiderte der Greis nach einigen Augenblicken. »Ich gebe das alles zu, bestätige selbst, dass der Colonel Don Octavio ein Held ist, wenn Ihnen das angenehm sein kann. Nun denn, gerade aus allen diesen Gründen, die Sie mir eben dargelegt haben, will ich ihm meine Nichte nicht geben und ich bin überzeugt, dass Ihr, liebe Verwandte, ebenso wie ich gegen diese Verbindung sein werdet.«

»Lassen Sie hören, erklären Sie sich«, riefen die Anwesenden, indem sie sich um Don Torribio drängten.

»Das ist auch mein Wunsch«, erwiderte er.

»Wir befinden uns im Augenblick einer entsetzlichen Katastrophe gegenüber. Miramón ist ohne Rettung verloren. Morgen, in einigen Stunden vielleicht schon, werden von Seiten der Parteigänger Juarez' wilde Repressalien stattfinden. Wir alle werden durch die Sieger geplündert, eingekerkert und vielleicht ermordet werden, die zahlreiche Beleidigungen zu rächen haben. Wir sehen uns also der Herde eines unversöhnlichen Feindes anheim gegeben. Es gilt nicht allein das Vermögen, sondern selbst das Leben. Infolge der früheren Mordtaten und Einäscherungen müssen Sie darauf gefasst sein, dass, sobald die Föderalisten in der Stadt sind, sie keinen Augenblick zögern werden, Lösegeld von uns zu fordern und uns wie wilde Tiere zu umzingeln.«

Diese so energisch ausgedrückten Befürchtungen, die keineswegs der Begründung entbehrten, machten einen tiefen Eindruck auf die Anwesenden. Der Egoismus und das persönliche Interesse geboten jedem anderen Gefühl Schweigen.

Innerlich geschmeichelt von dem schweigenden Beifall seiner Zuhörer fuhr Don Torribio fort:

»Wer soll uns denn unter so kritischen Umständen verteidigen?«, fragte er. »Der Colonel Octavio? Ihr glaubt es nicht, aber unsere frühere Verbindung mit ihm wird im Gegenteil ein Grund mehr zu den Verfolgungen sein, die wir zu erdulden haben werden. Überdies wird der Colonel, als Freund des Expräsidenten Miramón, geächtet sein und sich genötigt sehen, sich zu verbergen und so schnell wie möglich zu fliehen, wenn er es nicht bereits getan hat, um sein Leben zu retten.«

»Das ist richtig«, murmelten mehrere Personen.

»Nun steht uns nur ein einziger Weg offen, und zwar folgender«, erklärte der Alte. »Der General Saldana, einer der wärmsten Anhänger von General Juarez, bittet um die Hand meiner Nichte, indem er sich erbietet, wenn seine Bitte angenommen wird, uns unter seinen Schutz zu nehmen. Der Adjutant des Generals ist dort in jenem Salon und erwartet unsere Antwort. Er wird darauf sogleich zu dem General zurückkehren, dessen Division zuerst in die Stadt einrücken wird. Was beschließen Sie, Señores? Auf der einen Seite der Ruin und vielleicht der Tod, auf der anderen wirksamer Schutz und ein unermesslicher Kredit bei der neuen Macht. Kann man da noch zaudern?«

»Nein!«, riefen die Anwesenden im Chor. »Doña Carmen soll den General heiraten. Sie ist überdies eine zu gute Verwandte, als dass sie sich weigern sollte, uns um diesen Preis zu retten.«

»Also«, begann Don Torribio dringend, »so ist alles abgemacht, nicht wahr, meine Herren Verwandten? Ich kann meine Nichte rufen lassen?«

»Tun Sie das, Don Torribio! Wie Sie selbst sagen, drängt die Zeit, verlieren Sie also keinen Augenblick.«

Der Greis verneigte sich, verließ eine Weile den Saal und

trat bald darauf wieder ein, indem er ein reizendes junges Mädchen, ein anmutiges Kind von höchstens sechszehn Jahren in einem weißen Musselinkleid[1], hereinführte. Bleich und zitternd schritt es vorwärts, während es von den Anwesenden ehrerbietig begrüßt wurde.

Dieses junge Mädchen war Doña Carmen. Als der in dem Salon verborgene Unbekannte sie bemerkte, fühlte er, dass er erbleichte. Ein krampfhaftes Zittern durchlief seinen Körper und er musste eine übermenschliche Anstrengung aufbringen, um den Schrei der Wut zurückzuhalten, der von seinem Herzen plötzlich auf seine Lippen drang.

Hinter Don Torribio und Doña Carmen schritt ein Mann von hohem Wuchs, ungefähr vierzig Jahre alt und mit der Uniform eines Hauptmanns bekleidet. Dieser Offizier war der Adjutant des Generals Saldana, der von ihm beauftragt war, um die Hand des jungen Mädchens zu bitten und ihm ihre Annahme oder abschlägige Antwort zu überbringen.

Eine tiefe Stille war im Saal eingetreten. Sämtliche Anwesende hatten sich niedergesetzt. Nur Don Torribio, der Hauptmann und Doña Carmen blieben stehen.

Der Greis nahm ein Blatt Papier von einem Tisch, das mit feiner und gedrängter Schrift bedeckt war, und sich an Doña Carmen wendend, sagte er ohne Schonung:

»Meine Nichte, ich ersuche Euch, der Lesung des Beschlusses, welchen ich mit Zustimmung unserer edlen hier anwesenden Verwandten abgefasst habe und den Ihr nur zu unterzeichnen braucht, die ernsteste Aufmerksamkeit zu schenken.«

Das junge Mädchen richtete sich in die Höhe, hob seinen bleichen Kopf empor und mit anmutiger Bewegung die seidenweichen, schwarzen Locken, welche Gesicht bedeckten und Schultern überfluteten, zurückwerfend, richtete es auf Don Torribio einen so verächtlich mitleidsvollen Blick, dass dieser den Kopf abwandte.

»Mein Onkel«, antwortete Doña Carmen mit leiser aber

[1] Musselin: Gewebe/Stoff, der nach der Stadt Mosul benannt ist.

vollkommen deutlicher Stimme, »ich bin ein armes verlassenes Kind. Ihr könnt mir Qualen auferlegen, welche Ihr wollt, ich werde mich denselben unterwerfen, ohne einen törichten und unnützen Widerstand zu versuchen, aber niemals werdet Ihr mich zwingen, meinen Schwur zu brechen und denjenigen zu verraten, welchen ich liebe!«

»Meine Nichte!«, rief Don Torribio mit unterdrückter Wut aus.

»Und solltet Ihr mich auf der Stelle töten, mein Onkel, ich werde dieses Papier nicht unterzeichnen«, sprach sie von Neuem mit fieberhafter Energie.

»Nehmt Euch in acht, Kind!«, rief Don Torribio und trat ihr einen Schritt entgegen.

»Ja«, rief sie mit schneidendem Lachen, »droht mir, mein Onkel, ich bin nur ein Kind, aber er ist ein Mann, und wenn er da wäre, würdet Ihr nicht es wagen …«

»Ich würde es nicht wagen?«, unterbrach sie der Greis, jedes Maß vergessend und blind vor Wut. »Oh, dass jener Mann nicht da ist!«

»Hier bin ich!«, rief plötzlich eine starke Stimme mit furchtbarem Ausdruck.

Und der Unbekannte sprang mit einem Satz in den Saal, wodurch er sich plötzlich dem durch diese unerwartete Erscheinung erschreckten Don Torribio gegenüber befand.

Die überraschten Anwesenden, die nicht begriffen, wie dieser Mann so plötzlich in ihre Mitte eingedrungen war, blieben unbeweglich, stumm und bestürzt.

Doña Carmen hatte beim Anblick des Fremden einen Schrei unaussprechlicher Freude ausgestoßen und war in seine Arme geeilt, indem sie schluchzend rief:

»Endlich, Octavio! … Du bist es! Ich bin gerettet!«

»Ja, du bist gerettet, meine Vielgeliebte«, antwortete der junge Mann, »denn ich werde dich zu schützen wissen. Komm, folge mir, Carmen.«

»Oh ja, lass uns gehen!«, erwiderte das junge Mädchen halb närrisch vor Freude und Schrecken.

Aber in dem Augenblick, wo der Franzose sich in Begleitung des jungen Mädchens Bahn zu brechen suchte, um den Salon wieder zu erreichen, von woher er gekommen war, warfen sich ihm Don Torribio und seine Verwandten, die sich von der Überraschung und dem eben empfundenen Schrecken wieder erholt hatten, entgegen, um ihnen den Weg zu versperren.

»Oh«, sagte der Onkel mit einem düsteren, höhnischen Lächeln, »Ihr werdet uns nicht so entschlüpfen, mein Herr! Ich weiß zwar nicht, welches Mittel Ihr angewendet habt, um meine Leute zu täuschen und Euch in meine Wohnung einzuführen, aber Ihr sollt aus derselben nicht so leicht entkommen, das schwöre ich Euch!«

»Glaubt Ihr?«, entgegnete der junge Mann mit spöttischem Lächeln, indem er seinen Rückzug nach dem Salon zu fortsetzte. »Gedenkt Ihr vielleicht, mich zu ermorden?«

»Und wenn dem so wäre«, erwiderte Don Torribio, »würden wir nicht im Recht sein?«

Sobald die Damen erkannt hatten, dass ein Streit bevorstand, waren sie mit furchtbarem Geschrei entflohen.

Der Colonel de Belval blieb allein zurück gegen einige dreißig zwar unbewaffnete Männer, denen jedoch ein Dutzend Diener mit Messern, Säbeln, selbst Flinten und Pistolen zu Hilfe eilte.

Dieser gigantische Kampf eines einzigen Mannes gegen mehr als vierzig grenzte an Wahnsinn, und sein Ausgang stand ohne Zweifel fest. Indes, trotz der unermesslichen Gefahr, die ihn bedrohte, erbleichte der Colonel nicht, sein Adlerblick hatte sich nicht gesenkt.

Den Mantel um seinen linken Arm geschlungen, hielt er einen sechsläufigen Revolver in jeder Hand und mit hocherhobenem Haupt, zusammengepressten Lippen und verächtlichem Blick war er allmählich bis zu dem Salon zurückgewichen, indem er mit seinem Körper die Flucht des jungen Mädchens deckte.

Don Torribio und seine Verwandten, die nicht wussten, dass der Salon einen geheimen Ausgang besaß, begnügten sich damit, sich vor dem jungen Mann aufzustellen, und zwar in so dicht gedrängter Reihe, dass es diesem unmöglich war, sich Bahn zu brechen. Sie folgten seiner Bewegung und lachten über die Verzweiflung ihres Feindes, als er sich wie ein zu Tode gehetzter Hirsch in die Enge getrieben sah.

Der Colonel hatte ihre Taktik erraten. Aber ohne die Freude, die er empfand, blicken zu lassen, begnügte er sich, zwischen sich und die ihn Umringenden einen Abstand von wenigstens drei Schritten zu lassen, welchen diese unter den fortwährend auf sie gerichteten Pistolen nicht zu überschreiten wagten.

»Nun«, rief Don Torribio, als er sah, dass der Colonel an der entgegengesetzten Wand des Salons angekommen war, »jetzt wird es Euch ziemlich schwierig werden, weiter zurückzuweichen, insofern Ihr nicht die Mauer einstürzt. Ergebt Euch, Colonel, das ist der beste Entschluss, den Ihr fassen könnt!«

»Mich ergeben?«, antwortete der junge Mann, um Zeit zu gewinnen, während er einen seiner Revolver in eine Tasche seiner Uniform steckte. »Mich ergeben, und warum, teurer Don Torribio?«

»Warum? – Nun wahrhaftig, das ist eine köstliche Frage. Weil Ihr gefangen seid!«

»Oh, noch nicht!«, versetzte der junge Mann, indem er Doña Carmen bedeutungsvoll anblickte.

»Wie! Ihr zweifelt? Habt Ihr vielleicht die Absicht, allein gegen uns alle zu kämpfen?«

»Nein, wahrlich nicht«, antwortete er sorglos, »das würde zu langweilig sein.«

»Und auf welche Weise glaubt Ihr denn, uns entgehen zu können?«

»Auf folgende Weise, blicken Sie her, lieber Herr!«

Die geheime Tür hatte sich plötzlich geöffnet. Mit einer gedankenschnellen Bewegung nahm der Colonel Doña Carmen in seine Arme, stürzte hinaus und schlug den völlig verdutzten Anwesenden die Tür vor der Nase zu.

Diese Flucht war in einer viel kürzeren Zeit bewerkstelligt, als wir bedurften, dieselbe zu beschreiben.

Es war vergeblich, dass Don Torribio, seine Verwandten und Diener, die diese grausame Mystifikation wütend machte, sich in Anstrengungen aller Art erschöpften, um die Tür des Untergeschosses zu öffnen. Sie konnten nicht einmal genau die Stelle wiederfinden, so gut war sie eingefügt. Sie mussten darauf verzichten und sich beschämt zurückziehen.

Nachdem der Adjutant des Generals Saldana mit ziemlich mürrischer Miene von Don Torribio Abschied genommen hatte, war er mit verhängten Zügeln[1] dem General entgegen gesprengt, um ihm Bericht über das Geschehene abzustatten.

Ohne einen Augenblick zu verlieren, stieg der Colonel die Treppe hinab, an deren Fuße er seine Lampe wiederfand.

Doña Carmen stützte sich bleich und zitternd, aber mit vor Freude und Glück glänzenden Augen auf seinen Arm und blickte mit einem Ausdruck unbeschreiblicher Dankbarkeit zu ihm auf.

»Meine geliebte Carmen«, sagte der junge Mann, »jetzt bedürft Ihr großen Mutes. Glaubt Ihr, imstande zu sein, zu gehen?«

»Oh«, rief sie begeistert, »neben Euch bin ich stark, mein tapferer Octavio. Unter Eurem Schutz fürchte ich nichts. Sind wir nicht überdies jetzt gerettet?«

»Leider, armes Kind, sind die bestandenen Gefahren nichts im Vergleich zu denen, die uns noch bedrohen.«

»Was tut das! Wir sind zwei, um ihnen Trotz zu bieten, denn ich will mich nicht mehr von Euch trennen, Octavio.«

»So ist es recht, meine liebe Carmen. Leider müssen wir die Stadt verlassen, fliehen, um unseren Feinden zu entgehen, und ich fürchte, dass Eure Kräfte Eurem Mut nicht gleich kommen werden.«

»Seid unbesorgt meinetwegen, mein Freund«, versetzte sie lebhaft. »Was auch komme, ich werde es ertragen.«

Sie setzten ihren Weg durch den unterirdischen Gang fort. Nach zahlreichen Windungen und nachdem sie mehrmals

[1] Mit locker gelassenen Zügeln; sehr schnell.

haltgemacht hatten, um Atem zu schöpfen, erreichten sie den Laden des Schriftstellers.

Der von dem jungen Mann zurückgelassene Wächter hatte sich der Treppe zugeneigt und schien von lebhafter Angst ergriffen zu sein.

»Gott sei Dank! Da sind Sie endlich, Colonel«, rief er freudig aus. »Ich befürchtete schon ein Unglück und schickte mich eben an, nach Ihnen zu forschen.«

»Dank, Beltran, dank, mein Lieber«, antwortete der junge Mann heiter. »Du siehst, hier bin ich frisch und gesund. Was gibt es Neues, ist etwas vorgefallen?«

»Ja, mein Colonel, die Truppen versammeln sich, Sie können sie hier auf dem Platz hören. Miramón wird jeden Augenblick erwartet.«

»Teufel, da habe ich keinen Augenblick zu verlieren.«

»Oh, die Cuadrilla befindet sich nur zwei Schritte von hier, Ihr Gehilfe hält an der Tür dieses Ladens zwei gesattelte Pferde bereit, es ist nichts vergessen worden.«

»Sehr gut! Ich begebe mich zum Präsidenten, in wenigen Augenblicken werde ich zurück sein. Ich vertraue dir inzwischen Madame an, du stehst mir mit deinem Kopfe für sie.«

»Verlassen Sie sich auf mich, Colonel.«

»Wie, mein Freund, Ihr wollt mich verlassen?«, fragte angstvoll das junge Mädchen.

»Nur für einige Minuten, liebes Kind, es muss sein. Mein Freund und Wohltäter erwartet mich. Mein Platz ist bei ihm, sobald alle seine Feinde ihn feige verlassen. Er ist geächtet und unglücklich.«

»So geht denn, mein teurer Octavio, wohin Ehre und Pflicht Euch rufen, ich werde mit diesem braven Soldaten zurückbleiben.«

»Dank, geliebte Carmen. Beltran, verschaffe dir einen Mantel und einen Hut für Madame, sie darf nicht erkannt werden.«

»Zu Befehl, Colonel.«

»Auf baldiges Wiedersehen, Carmen, auf baldiges Wiedersehen!«

Octavio hüllte sich in seinen Mantel, verließ den Laden des Schriftstellers und ging raschen Schrittes auf den Palast des Präsidenten zu.

In dem Augenblick, wo der Colonel vor dem Palast anlangte, öffnete man die Tür und Miramón in prunkvoller Uniform und von einigen zwanzig Personen umgeben, trat auf den Platz.

Der General Miramón ist noch jung. - Wir verwenden bewusst das Präsens, denn er lebt, Gott sei Dank, noch heute. - Seine ebenmäßigen Züge zeugen von Charakter, der Ausdruck seines Gesichts ist energisch, intelligent und trägt den Stempel der Güte. Seine Haltung ist edel, seine Manieren sind leutselig und sein Äußeres gestaltet sich wirklich militärisch.

Der General Miramón repräsentierte in Mexiko die gemäßigte Fortschrittspartei. Auch rechnete er zur Zahl seiner wärmsten Anhänger die ganze Geistlichkeit die hohe Handelswelt, die höchste Klasse der Bevölkerung und alle der auf dem Gebiet der Republik ansässigen Fremden.

Der General Miramón war persönlich mit allen befreundet und von beiden Parteien sehr geliebt, allein seine Umgebung war verhasst. Wenn er gewollt, hätte er ruhig in der Stadt bleiben können, ohne von den Chefs der entgegengesetzten Partei etwas fürchten zu müssen. Es waren ihm in dieser Beziehung Vorschläge und formelle Zusicherungen gemacht worden. Aber aus einem offenbar sehr lobenswerten *Point d'Honneur*[1], welches für ihn jedoch die unheilvollsten Folgen haben konnte, hatte der General die letzten Freunde nicht verlassen wollen, welche ihm in seinem Missgeschick treu geblieben waren, und so hatte er beschlossen, sich mit ihnen in das Innere zurückzuziehen.

Seine Armee, – wenn man der Hand voll Soldaten, die sich noch unter seine Fahnen scharten, diesen Namen geben kann – bestand aus höchstens zweitausend Mann. Alle befanden sich in diesem Augenblick auf der Plaza Mayor versammelt.

»Hier bin ich, General, ich bedauere, nicht eher gekommen zu sein.«

---

[1] Ehrgefühl.

»Das Unglück ist nicht groß, Colonel, wir brechen auf.«

Der junge Mann runzelte die Stirn.

»Also«, sagte er leise, sodass er nur von dem Präsidenten gehört werden konnte, »den Bitten Ihrer Freunde ist es nicht gelungen, Ihre Halsstarrigkeit zu besiegen, General?«

»Es ist ein unerschütterlicher Entschluss, mein Freund«, antwortete Miramón mit einer gewissen Ungeduld. »Also sprechen wir nicht weiter darüber.«

»Noch ein Wort.«

»So sprechen Sie schnell!«

»Sie sind verraten, General. Ich habe nicht allein die Überzeugung, sondern sogar die Gewissheit.«

Der Präsident machte eine rasche Bewegung.

»Ich bestehe nicht weiter darauf, General«, sagte lebhaft der junge Mann. »Ich beuge mich vor Ihrem allmächtigen Willen. Nur bitte ich um eine Gnade.«

»Welche?«

»Bewilligen Sie mir dieselbe, General?«

»Da es sehr wahrscheinlich ist, dass man in langer Zeit keine ähnliche Bitte an mich richten wird, so bewillige ich das, um was Sie mich bitten werden«, entgegnete er mit trübem Lächeln.

»Haben Sie Dank, General, ich wünsche nur, dass Sie sich in der Mitte meiner Cuadrilla halten und mir erlauben, an Ihrer Seite zu bleiben.«

»Immer wieder Ihre Gedanken an Verrat«, antwortete er mit unmerklichem Stirnrunzeln. »Wohlan, es sei, handeln Sie nach eigenem Gutdünken. Übrigens wird es mir sehr angenehm sein, mein Freund, Sie auf dem Weg als Gefährten zu haben.«

Der junge Mann verbeugte sich schweigend und entfernte sich, um die nötigen Befehle zu erteilen.

Darauf wandte sich der Präsident zu den Personen, die ihm folgten und welche sich, da sie ihn leise sprechen hörten, achtungsvoll beiseite gehalten hatten.

»Caballeros«, sagte er mit einem Beben in der Stimme, welches er nicht zu beherrschen vermochte, »hier trennen wir uns, vielleicht für sehr lange Zeit. Seien Sie der neuen Macht treu, wie Sie es mir gewesen sind, und ich werde mich freuen, in der Verbannung, in der ich künftig leben werde, zu hören, dass Sie für die Größe der Nation und das Glück seiner unglücklichen Bewohner Gutes getan haben. Ich ziehe es vor, mich friedlich zurückzuziehen und das Blutvergießen zwischen Brüdern zu vermeiden, als einen von nun an zwecklosen Kampf zu verlängern, da der Vorteil mir nicht bleiben kann. Der General Berriozábal hat mir sein Ehrenwort als Soldat gegeben, dass die Ordnung aufrechterhalten und jede Repressalie vermieden werden soll.

Leben Sie wohl, Caballeros, seien Sie glücklich und bewahren Sie mein Andenken als das eines Mannes, der mit Freuden sein Blut bis auf den letzten Tropfen vergossen haben würde, um die Ehre seines geliebten Vaterlands zu sichern, wenn er es für notwendig gehalten hätte.«

Darauf winkte er ein Lebewohl, grüßte im Kreise, indem er seinen Hut lüftete, tauschte noch einige Händedrücke aus und schwang sich in den Sattel.

Das Wort »Marsch« ertönte, und die Armee begann schweigend inmitten der auf ihrem Weg stehenden Bevölkerung vorüberzudefilieren, die sie mit einem Gefühl unbeschreiblicher Trauer scheiden sah.

Der Colonel de Belval hielt sich zur Rechten des Präsidenten. Doña Carmen ritt neben ihm, eingehüllt in einen großen Mantel und den Kopf mit einem breitrandigem Hute bedeckt, der ihre Gesichtszüge vollständig verbarg.

Solange man in der Stadt war, ging alles gut.

Die Nacht war prächtig erhellt durch eine Anzahl glänzender Sterne. Der im zweiten Viertel stehende Mond goss seine weißen Strahlen herab, welche der Landschaft einen fantastischen Anstrich verliehen.

Den Kopf auf die Brust geneigt, in tiefe und traurige Gedanken verloren, blickte der Präsident Miramón weder rechts noch links und ließ sein Pferd, dessen Zügel er sorglos hielt, nach Gefallen dahinschreiten.

Durch eine Laune des Glücks von ganz oben herabgestürzt, war er noch ganz niedergeschmettert von seinem Fall. Dennoch schmeichelte er sich, wie alle Ehrgeizigen, trotz der Gewissheit der Tatsachen, denen er sich unterwerfen musste, seine Macht, die ihm so verräterisch geraubt worden war, dereinst vielleicht wieder ergreifen zu können.

Der Colonel Octavio de Belval, der mehr mit den geheimen Machenschaften des Feindes als der Präsident selbst vertraut war, wachte aufmerksam über seine Person, während er auch Doña Carmen keinen Moment aus den Augen verlor.

Der junge Offizier fürchtete nicht allein einen Verrat der Truppen, sondern auch einen Angriff von Seiten Don Torribios de Carvajal, der wahrscheinlich den Versuch machen würde, ihm seine Nichte zu rauben.

Das Volk, welches sich bei dem Durchzug der Armee aufgestellt hatte, folgte schweigend ihrem Marsch und schien dieselbe bis zum äußersten Ende der Stadt begleiten zu wollen.

Je näher man indessen den Vorstädten kam, umso mehr änderte sich der Ausdruck der Bevölkerung und nahm eine drohende Gestalt an. Geschrei und anfangs nur schwaches Hohngelächter, welches aber rasch an Stärke zunahm, erhob sich in den Gruppen. Ungeachtet der Anstrengungen der Offiziere drängte sich das Volk mehr und mehr an die Soldaten, durchbrach ihre Reihen und mischte sich unter sie.

Bald war die Verwirrung vollständig. Die durch eine scheinbare Disziplin bis dahin schweigsamen Soldaten mischten ihr Geschrei mit dem der Bevölkerung. Die Revolte begann.

Miramón blickte auf.

»Was gibt es denn?«, fragte er.

»Was ich vorausgesehen habe«, antwortete der Colonel. »Die Armee verlässt Sie.«

»Ah«, rief der Präsident mit einer zornigen Gebärde; und seinem Pferd die Sporen gebend, sprengte er mitten in die Empörer hinein.

Aber es war bereits zu spät. Angestachelt durch die Aufrührer, die Geld unter ihnen verteilt hatten, kannten die Soldaten die Stimme ihres Generals nicht mehr und erstickten seine Worte, indem sie aus vollem Halse schrien:

»Das Beil! Das Beil!«

Das Beil ist in Mexiko das Symbol der Verbündung.

Nur die Cuadrilla des Colonels de Belval blieb treu. Auf den Befehl ihres Anführers hatte sie sich um den Präsidenten geschart.

Ein Zusammenstoß war unvermeidlich.

Der General Miramón wollte sich durch seine empörten Soldaten töten lassen.

»Feiglinge!«, rief er verzweiflungsvoll aus.

»Das Beil! Es lebe Juarez!«, antworteten mit wildem Geschrei die Soldaten und Volksmassen. »Nieder mit Miramón!«

Der Augenblick war kritisch. Eine Minute längeren Zauderns konnte alles vernichten, die Empörer bereiteten sich zum Angriff vor.

»Sie sind verloren, wenn wir nicht aus der Menge hinausgelangen, General«, rief Belval.

Und bevor Miramón antworten konnte, wurde er von der Cuadrilla eng umringt, ein Reiter fasste sein Pferd am Zügel, und der Colonel stürzte mit hochgeschwungenem Säbel von seiner Truppe gefolgt auf die Empörer ein.

Es entstand eine augenblickliche furchtbare Verwirrung, aber die Soldaten wagten nur einen schwachen Widerstand, und bald erschien die Cuadrilla, ihren Colonel an der Spitze, an den Flanken der Insurgentenarmee[1]. Einstweilen wenigstens schien der Präsident in Sicherheit.

Doña Carmen war dem jungen Mann gefolgt.

»Nun steigen Sie ab und nehmen Sie diesen Hut und Mantel«, sagte Octavio zu dem General gewandt in einem Ton, der keine Widerrede zuließ.

»Aber, wohin soll ich gehen?«

»An einen Ort, wo Sie niemand entdecken wird, General.«

»Mich verbergen?«, murmelte er schmerzlich.

[1] Insurgent: Aufständischer.

»Es muss sein! Länger kämpfen wäre Wahnsinn. Beltran, du weißt, wohin du Seine Exzellenz zu führen hast.«

»Ja, mein Colonel.«

»Folgen Sie diesem Mann, General, er ist brav und treu. Ich stehe für ihn ein.«

»Und Sie, mein Freund?«

»Ich? Mein Platz ist hier.«

»Aber …«, begann er zögernd von Neuem.

»Fort! Fliehen Sie, während wir Ihren Rückzug decken.«

Der General reichte ihm die Hand.

»Lassen Sie mich an Ihrer Seite sterben«, sagte er.

»Nein, General, Sie müssen dem Vaterland von Ihrem Leben Rechenschaft geben.«

In diesem Augenblick verdoppelte sich das Geschrei und eine feindselige Bewegung entstand unter den Aufständischen.

»In eure Reihen!«, rief der Colonel.

»Um Gottes Willen! Fliehen Sie, General, während wir mit unserem Leben Ihren Rückzug schützen.«

»Kommen Sie«, sprach Beltran, »vielleicht ist es zu spät.«

Miramón blickte traurig um sich, drückte gerührt die Hand des Colonels, murmelte mit gebrochener Stimme die Worte: »Auf Wiedersehen!«, und entschloss sich endlich, Beltran zu folgen.

Bald verloren sie sich in der Menge und glitten unbemerkt durch die Menschenmassen.

Beltran führte den Expräsidenten nach dem Laden des öffentlichen Schriftstellers. Dies war in der Tat der einzige Ort, wo Miramón der Wut seiner Feinde zu entgehen hoffen konnte.

Inzwischen hatten sich mehrere Reiter in städtischen Kleidern und auf ausgezeichneten Pferden unter die Soldaten gemischt und schienen ihnen Befehle zu erteilen, denen diese gehorchten.

»Carmen«, sagte der Colonel, indem er sich zu dem jungen Mädchen neigte, »vielleicht werden wir in wenigen Minuten vor Gott erscheinen!«

Das junge Mädchen erhob seine wie im Fieber glühenden Augen zu ihm und antwortete mit sanftem Lächeln:

»Sein Wille geschehe, mein Freund! Es ist besser, ich sterbe mit dir, als verurteilt zu sein, dich zu überleben!«

Plötzlich ließ sich ein mächtiges Getöse vernehmen und eine Eskadron Kavallerie sprengte im Galopp heran.

»Nieder mit den Waffen!«, befahl in gebieterischer Stimme ein Generaloffizier, der den Ankommenden um einige Schritte voraus war.

Die beiden Truppen, zum Angriff bereit, hielten gleichzeitig inne.

»Ah! Ah!«, fuhr der Offizier mit spöttischem Ton fort, indem er sich an einen der Rädelsführer der Insurgenten wandte. »Wie! Ihr hier, Don Torribio de Carvajal? Wahrhaftig, edler Herr, ich wusste nicht, dass Sie ein so warmer Parteigänger unseres berühmten Präsidenten Juarez sind.«

Der Greis, denn er war es in der Tat, neigte verwirrt den Kopf.

»Ich war Ihretwegen hier, General Saldana«, sagte er.

»Ja, ich weiß, und um den Versuch zu machen, den schönen Vogel wieder einzufangen, den Sie gefangen hielten und welcher dem Käfig entschlüpft ist, nicht wahr? Aber das ist meine Sache. Colonel Don Octavio de Belval, wo sind Sie?«, fragte er mit lauter Stimme.

»Hier bin ich, General«, erwiderte kalt der junge Mann, während er einige Schritte vortrat.

Der General blickte ihn einige Minuten aufmerksam und forschend an, dann reichte er ihm plötzlich die Hand.

»Männer wie wir sind gemacht, um sich sogleich zu verstehen«, sprach er freundlich. »Seien Sie nicht eifersüchtig auf mich, ich lasse Ihnen Gerechtigkeit widerfahren. Doña Carmen hat gut daran getan, Sie zu erwählen. Ich gedenke, Ihr Glück nicht zu stören, sondern will Ihnen im Gegenteil dienen.«

»Aber, General«, rief Don Torribio aus.

»Schweigen Sie, Señor. Seine Exzellenz, der Präsident Juarez, verbannt Sie nach Ihrer Hazienda del Palo Negro. Ich habe

Befehl, Sie sogleich dorthin zu führen. Noch mehr, Sie sind verurteilt, Ihrer Mündel das Vermögen zurückzugeben, welches ihr gehört und das Sie ihr zu rauben suchten. Gehen Sie!«

Bestürzt entfernte sich Don Torribio, ohne ein Wort der Erwiderung zu finden.

Von der lebhaftesten Angst ergriffen, wussten Octavio und Carmen nicht, was sie zu fürchten oder zu hoffen hatten.

Der General beeilte sich, ihre Zweifel zu zerstreuen.

»Colonel«, sagte er gütig, »Sie haben einen ernsten Fehler begangen, indem Sie ein den höchsten Familien des Landes angehörendes junges Mädchen entführten. Dieser Fehler fordert Genugtuung. Präsident Juarez befiehlt, dass Sie Doña Carmen in kürzester Zeit heiraten. Ihre Cuadrilla wird der Armee einverleibt. Was Sie anbetrifft, so steht es Ihnen frei, sich nach Ihrer Heirat zurückzuziehen, wohin Sie wollen.«

»Oh, General, das ist zu viel der Güte«, rief der junge Mann bewegt.

Doña Carmen war in die Arme des Colonels geeilt.

»Verzeihen Sie mir die Furcht, die ich Ihnen ohne mein Vorwissen bereitet habe, Señorita?«, fragte der alte Soldat.

»Ah, Caballero«, rief sie, »verdanke ich Ihnen nicht mein Glück!«

»Jetzt, nach Mexiko!«, befahl der General, indem er seinen Degen erhob. »Colonel, ich bitte Sie um Gastfreundschaft für diese Nacht. Was dieses reizende Kind anbetrifft, so muss es sich ergeben, für einige Tage ins Kloster zurückzukehren.«

Die verbündeten Offiziere hatten die Soldaten ihre Reihen wieder einnehmen lassen, und bald wiederholten sämtliche Truppen den Ruf: »Nach Mexiko!«, mitten unter dem Freudengeschrei und den Vivats der ganzen Bevölkerung, die niemals so glücklich gewesen zu sein schien.

Die Revolution war beendet und Miramón bereits vergessen … von seinen Freunden.

Ein Einziger erinnerte sich seiner noch, und zwar Octavio de Belval.

Allerdings war der kein Mexikaner.

In gleicher Ausstattung sind die folgenden Bände erschienen:

Taschenschmöker aus Vergangenheit und Gegenwart

In der Reihe Taschenschmöker aus Vergangenheit und Gegenwart erscheinen Werke der klassischen Unterhaltungsliteratur, die seit vielen Jahrzehnten nicht mehr, oder noch niemals in deutscher Sprache verlegt worden sind.

1.	*Jules Verne / Michel Verne*	Der Humbug Vier Erzählungen
2.	*Alexandre Dumas*	Eine Amazone Zwei Erzählungen
3.	*Gustave Aimard*	Eine mexikanische Rache. Eine Erzählung aus dem wilden Mexiko
4.	*Jules Verne*	Der Weg nach Frankreich Ein Roman
5.	*Friedrich J. Pajeken*	In Sturm und Not Eine Erzählung
6.	*Jules Verne*	Der Graf von Chanteleine Eine Episode aus der Revolutionszeit
7.	*Jules Verne / Emilio Salgari / Karl May u. a.*	Ein Drama in den Lüften Erzählungen aus luftigen Höhen
8.	*Alexandre Dumas*	El Salteador Ein Roman aus der Zeit Karls V.
9.	*Emilio Salgari*	In der Eiswüste Erzählungen aus arktischen Regionen
10.	*Sir John Retcliffe*	Das tote Haus Eine Novelle aus Düsseldorfs Vorzeit
11.	*Gustave Aimard*	Der Löwe der Wildnis Zwei Erzählungen aus dem wilden Mexiko
12.	*Sir John Retcliffe*	Der letzte Wäringer Historische Novelle aus den Tagen der Eroberung Konstantinopels *(in Vorbereitung)*

– Weitere Bände in Vorbereitung –